Arena-Taschenbuch
Band 2819

Barbara Homberg (Hrsg.)

Wenn Weihnachten kommt

Mit Zeichnungen
von Janosch

Arena

In neuer Rechtschreibung

1. Auflage als Arena-Taschenbuch 2003
Lizenzausgabe des Verlags Friedrich Oetinger, Hamburg
© Verlag Friedrich Oetinger, Hamburg 1982
Umschlagillustration und Innenillustrationen: Janosch
Umschlagtypografie: Agentur Hummel + Lang
Gesamtherstellung: Westermann Druck Zwickau GmbH
ISSN 0518-4002
ISBN 3-401-02819-7

Inhalt

JOAN AIKEN

Ein Hund bellt sich vom Dach

Vor gar nicht so langer Zeit lebte einmal eine alte Frau am Washington Square, mitten im Park in New York. Sie hieß Mrs Logan. Ihre Kleider hingen säuberlich auf Bügeln in den Bäumen und ihr Frühstück nahm sie auf einer Parkbank ein. Sie lebte dort mit ihrem Droschkengaul Murphy und natürlich auch mit ihrer Pferdedroschke.

Zur gleichen Zeit wohnte da auch ein Dichter, nur ein paar Straßen weit von ihr entfernt, in einem Atelier im vierten Stock in der Zwölften Straße. Er hieß Paul Pudermaker. Paul besaß einen Labradorhund, den hatte er Bayer genannt. Bayer war gewaltig groß, er hatte ein dichtes schwarzes, schimmerndes Fell und kluge braune Augen. Bayer war sehr freundlich, hatte aber eine schlechte Angewohnheit: Beim ersten Ton aus einem Radio, wenn Menschen anfingen zu singen, wenn er Trommeln oder Gitarren hörte, heulte er los, bellte wie ver-

rückt und so laut er konnte, um die Musik zu über-
tönen.

Paul hatte auch einen Fehler. Er ging nie mit Bayer
auf die Straße oder spazieren, weil er gar nicht daran dachte, dass Hunde Abenteuer brauchen.

Glücklicherweise gab es in dem Atelier, in dem sie
beide wohnten, eine Tür, die aufs Dach führte.
Bayer tapste also fünf- oder sechsmal am Tag zu
dieser Tür hinüber und bellte einmal kurz und höflich. Dann stand Paul auf, den Stift noch in der
Hand, öffnete die Tür, schloss sie hinter Bayer wieder und schrieb und dichtete weiter, jeden Tag ungefähr zwanzig Stunden lang.

Sowie Bayer draußen war, verwandelte er sich im Handumdrehen von einem ziemlich fetten, trägen, faulen Stubenhund in einen munteren, wachsamen, einfallsreichen, aber immer noch ziemlich fetten Straßenhund. Zuerst sauste er zum Rand des Daches, um zu sehen, was unten in der Zwölften Straße los war. Dann bellte er laut, ungefähr zwanzig Mal, jeder sollte wissen, dass er alle Vorgänge auf der Straße im Auge hatte, und wenn unten ein anderer Hund spazieren ging, dann bellte Bayer extra laut. Danach rannte er über all die Dächer, von einem Ende zum anderen, und das wiederholte er ein paar Mal. Die Dächer waren nicht überall flach. Manchmal waren sie schräg oder vom Nachbardach durch eine niedrige Mauer oder einen Zaun getrennt. Hier und da waren ihm Atelierfenster im Weg, es gab ganze Schornsteinbündel, die aussahen wie Riesenfinger, oder Wassertanks, die auf kräftigen Beinen standen. Bayer kannte seine Dächerlandschaft so gut wie andere Hunde ihre Hinterhöfe und er war auch schwindelfrei. Selbst wenn er dicht am Rand des Daches stand und bellte, machte ihm das nichts aus. Wenn er genug frische Luft geschnappt hatte, lief er zu seiner Tür zurück, bellte abermals kurz und höflich, worauf Paul Pudermaker ihn wieder einließ.

Paul verdiente nicht viel mit seiner Dichterei, obgleich er sich ungeheure Mühe gab. Er schrieb hunderte von Gedichten und schickte sie an dutzende von Zeitschriften, abgedruckt wurde aber nur selten eins. Und das Honorar, das er dafür bekam, war auch ziemlich kläglich. Darum verfasste Paul nicht nur Gedichte, sondern auch Reime für Glücksgebäck. Er bekam dafür große Kartons mit Glückskeksen gratis und davon ernährten sie sich, Bayer und er. Bayer hatte es ausgezeichnet raus, wie man nur die Kekse knabbern konnte, ohne die Zettel mit den Reimen runterzuschlucken.

An einem eiskalten Dezemberabend hatte Paul Bayer gerade rausgelassen und schrieb einen Glücksspruch: »Ein Versteck im Teetopf ist kein Genuss / die Gefahr: ein brühheißer Wasserguss«, da hörte er Bayer lauter als sonst auf dem Dach bellen. Er ging zum Fenster, schob es hoch und beugte sich hinaus, weil er wissen wollte, worüber sich Bayer so aufregte. Unten in der Nebenstraße sah er eine kleine Gruppe von Menschen mit zwei Gitarren und einer Trommel. Sie sangen Weihnachtslieder und oben auf dem Dach bellte sich Bayer die Seele aus dem Leibe. Die Weihnachtssänger kümmerten sich gar nicht um Bayer, wahrscheinlich hörten sie ihn auch kaum, denn er war so weit von ihnen entfernt und sie machten selber so viel Lärm.

Mitten in diesem Lärm kam die alte Mrs Logan ganz langsam in ihrer Pferdedroschke angefahren. Sie war allerdings fest eingeschlafen; Murphy, ihr Pferd, fand den Heimweg allein. Sie kamen von ihrem gewohnten Stammplatz vorm Plaza-Hotel, wo sie auf Fahrgäste gewartet hatten. Doch erstens mochten nur wenige Leute in der kalten Jahreszeit Pferdedroschke fahren und zweitens hätten sie sich kaum Mrs Logan ausgesucht, denn Murphy, braun wie ein Lebkuchen, war so klapperdürr, dass man die Rippen zählen konnte.

Deshalb wählten die meisten Kunden Droschken mit fetteren, stärkeren Gäulen. Und heute rollten Murphy und Mrs Logan wie an vielen anderen Tagen zu ihrem Nachtquartier zurück, ohne eine einzige Fuhre gehabt zu haben. Mrs Logan deckte Murphy immer mit lauter alten Steppdecken zu, die sie in einem Pappkarton aufhob, und wickelte sich selbst so gut wie möglich ein. Dann teilten sie sich ihr Abendessen, ein paar halbe Brötchen, Gebäckreste, trockene Butterbrote und andere Essensreste, die Mrs Logan in aller Herrgottsfrühe aus den Abfallkörben im Park herausgeklaubt hatte. Danach schliefen sie ein, Murphy im Stehen, Mrs Logan in der Droschke, die immer unter dem Washington-Bogen stand.

Als nun Mrs Logan und Murphy gerade bei den Weihnachtssängern vorbeifuhren, hatte Bayers Aufregung oben auf dem Dach ihren Höhepunkt erreicht und es passierte das, was noch nie passiert war: Er bellte sich einfach vom Dach und plumpste wie eine große schwarze Pflaume die vier Stockwerke herunter, glücklicherweise genau auf das Wachstuchdach von Mrs Logans Droschke. Das wirkte wie ein Trampolin. Bayer wurde ein paar Mal in die Luft geschleudert und dann rutschte er in die Kutsche. Ihm war überhaupt nichts passiert, er war nur etwas verwirrt.

Mrs Logan war auch verwirrt: »Holla«, sagte sie. »Das ist ja nicht zu glauben! Jetzt fallen die Hunde schon vom Himmel. Was wird wohl als Nächstes passieren?«

Bayer zog sich höflich aus der Droschke zurück und sprang auf die Straße.

»Bist du verletzt?«, fragte Murphy, der genauso erschrocken war wie Mrs Logan, jedoch nicht zu lauten Gefühlsäußerungen neigte.

»Nein, besten Dank, überhaupt nicht«, antwortete Bayer. »Hoffentlich hab ich deine Fahrerin nicht erschreckt.«

»Ach, die ist so leicht nicht aus der Ruhe zu bringen«, sagte Murphy und trottete weiter. Bayer dachte sich, wenn er schon mal unten auf der Straße war, könnte er die Gelegenheit auch gleich beim Schopfe packen. Es war lange her, dass er hier unten hatte herumrennen und alles beschnüffeln können, und er war außerdem fest davon überzeugt, dass sich Paul nicht so bald Sorgen um ihn machen würde. So sprang er dann neben Murphy her und passte sich dem erschöpften, ungleichmäßigen Schritt des Pferdes an.

Als der Wagen unter dem Washington-Bogen anhielt, Mrs Logan sich und das Pferd einwickelte und eine Hand voll Brotrinden und Kuchenkrümel mit ihm teilte, war Bayer vollkommen außer sich. »Habt ihr denn keinen Stall?«, fragte er das Pferd. »Wie lange geht das denn schon so?«

»Ich weiß nicht genau«, antwortete Murphy, »neun oder zehn Jahre, glaub ich. Mrs Logan hat nämlich kein Geld. Wir kommen vom Lande, aus Four Corners in New Hampshire.« Hier stieß Murphy einen tiefen Seufzer aus. »Da standen wir immer vorm Bahnhof, und weil unsre Droschke die einzige war, haben wir gut verdient. Mrs Logan hat bei ihrem Bruder gewohnt, dem gehört ein Bauernhof. Aber eines Tages sind vier Leute aus dem Zug gestiegen

und haben gefragt, ob wir sie nach New York fahren könnten. Achtzig Dollar haben sie uns für die Fahrt geboten. In der letzten Zeit muss ich immer denken, dass das nur Räuber gewesen sein können. Die Fahrt hierher hat ein paar Tage gedauert und sie haben die ganze Zeit von Banken und Geld und der Polizei schwadroniert. Und als wir dann in New York waren, da haben sie gesagt, sie hätten kein Kleingeld, aber wenn Mrs Logan am nächsten Morgen um zehn vorm Plaza-Hotel wäre, dann wollten sie ihr die achtzig Dollar zahlen. Aber sie haben sich nie wieder blicken lassen, obgleich wir seitdem jeden Morgen um zehn vorm Hotel stehen.«

»Das sind vielleicht Schurken!«, rief Bayer aus. »Sie wollten euch wahrscheinlich übers Ohr hauen.«

»Das hab ich auch schon gedacht«, stimmte Murphy trübselig zu.

»Und warum lässt sie nicht locker und geht nach Four Corners zurück?«

»Oh, das würde sie nie tun. Sie will nicht, dass die Männer glauben, sie hätte kein Vertrauen zu ihnen. Aber«, sagte Murphy seufzend, »manchmal hängt mir die Stadt zum Halse raus – obwohl sie natürlich sehr schön ist – und ich wünschte, ich wäre wieder in meinem Stall in Four Corners – besonders in einer so kalten Nacht wie heute.«

Es *war* bitterkalt. Bayer trabte nach Hause und murmelte vor sich hin: »Das ist eine Schande, wirklich!« Und dann hörte er auch schon die Stimme von Paul Pudermaker, der am offenen Fenster stand und pfiff und rief: »Bayer? Bayer? Wo steckst du denn?« Bayer rannte die vierundsiebzig Stufen hinauf ins warme Atelier und bekam einen späten Glückskeks-Imbiss. Als er dann in seinem Korb lag, konnte er aber noch lange nicht einschlafen. Er musste immer an Mrs Logan und Murphy denken, die draußen in der Kälte unter dem Washington-Bogen standen und auf den Morgen warteten.

Von da an spitzte Bayer immer die Ohren, bis er das langsame Trappeln von Murphys Hufen auf dem Pflaster hörte. Dann bellte er, damit er aufs Dach hinausgelassen wurde. Mrs Logan hatte immer das Verdeck aufgeklappt, wenn sie durch die Zwölfte Straße fuhr, und Bayer sprang hinunter, schnellte ein- oder zweimal in die Luft, setzte sich dann zu Mrs Logan auf den Kutschbock oder rannte neben Murphy her. Auch Paul gewöhnte sich daran und machte sich keine Sorgen um seinen Hund. Bayer half Mrs Logan Essensreste in den Abfallkörben aufzustöbern, was er sehr viel besser konnte als die alte Frau, und verbrachte mit den beiden ganze Tage im Park, wobei er sich mit Murphy unterhielt und nach den vier Männern Ausschau hielt, die Mrs Logan achtzig Dollar schuldeten.

»Der eine war groß und dünn, mit 'ner Brille«, berichtete Murphy. »Einer war klein und dick mit 'ner roten Nase, einer ganz blass, der hatte schneeweiße Haare und Augen, die nur so blitzten. Und einer war voll von Sommersprossen und hatte rote Haare.«

Sie standen vorm Plaza-Hotel, und weil es kurz vor Weihnachten war, wimmelte es von Männern, die als Weihnachtsmann verkleidet waren und mit Glocken bimmelten und für irgendwelche wohltätigen Zwecke Geld sammelten. Bayer stöberte einen Brezelrest in der Gosse auf und bot ihn Murphy an. »Was ist eigentlich dein Lieblingsfressen?«, fragte er und Murphy erwiderte mit vollem Maul: »Spinat. Wenn wir mal Kunden gehabt haben, dann kauft Mrs Logan mir immer eine ganze Tüte voll. In Four Corners hab ich den korbweise zu fressen gekriegt. Mrs Logans Bruder hat jedes Jahr ein ganzes Feld voll Spinat gehabt und ich hab es gepflügt.«

»Spinat!«, sagte Bayer erstaunt. »Ich hab noch nie gehört, dass den wirklich jemand mag.«

Als Bayer an diesem Abend heimkam, setzte er sich neben Paul und legte dem Dichter die Pfote auf den Arm.

»Was ist denn los, Bayer?«, fragte Paul. »Hunger?«

»Nein«, erwiderte Bayer. »Ich brauch ganz viel Spinat.«

»Spinat!«, sagte Paul genauso verwundert wie Bayer vorhin. »Wozu brauchst du denn den?«

»Für einen Freund.«

»Spinat – Spinat . . .«, murmelte Paul. »Da hab ich doch gerade was in der Zeitung gelesen . . .«, und er kramte in den alten Zeitungen herum, bis er die richtige gefunden hatte. Dann las er Bayer vor: »Ein Frachter mit einer Ladung Spinat liegt am Morton Street Pier, es werden Interessenten gesucht. Da das

Schiff auf dem Weg von Florida in so schwere Stürme geraten ist, hat die Reise acht statt der üblichen zwei Tage gedauert. Folglich ist das Gemüse nicht mehr frisch und New Yorker Großhändler wollen es nicht abnehmen. Der Preis beträgt zwanzig Dollar.«

Zwanzig Dollar, dachte Bayer niedergeschlagen. Das ist viel Geld. Aber der Spinat würde Murphy sicher wieder auf die Beine bringen und dann könnte er zurückkehren nach Four Corners.

Am nächsten Tag war Bayer schon in aller Herrgottsfrühe auf dem Dach. Es war noch dunkel und bitterkalt, aber Bayer erwischte Murphy auf dem Weg zur Arbeit. Er sprang wie üblich hinab und war gerade dabei, Murphy von dem Spinat zu erzählen, als siebenundfünfzig Weihnachtsmänner um die Ecke bogen. Sie waren alle schon kostümiert, manche schleppten Säcke, andere Glocken, doch die meisten trugen Weihnachtsbäume. Sie marschierten in Kolonnen, fünf Reihen zu zehn und eine Reihe zu sieben Weihnachtsmännern. Mrs Logan, die in der Droschke saß und döste, wachte plötzlich auf und starrte sie verwundert an, vor allem die letzte Reihe, die gerade im Gänsemarsch an der Droschke vorbeizog. Und dann schrie sie: »Der Teufel soll mich holen, wenn das nicht die Kerle sind, die wir von Four Corners hierher gebracht haben! Krieg ich jetzt meine achtzig Dollar oder nicht?«

Murphy hatte die Männer im selben Augenblick auch erkannt und wieherte laut und Bayer, von der allgemeinen Aufregung angesteckt, bellte, dass ihm fast der Kopf platzte. Die meisten Weihnachtsmänner schienen nur leicht überrascht, die letzten vier aber ließen ihre Weihnachtsbäume fallen und stürzten davon. Murphy versuchte sie zu verfolgen, aber er war so klapprig und so schwach, dass er seinen armseligen Trab nur ein paar Häuser weit durchhalten konnte, und da waren die Männer längst verschwunden. Einer hatte jedoch vor Schreck seine Geldbörse fallen lassen. Bayer schoss darauf zu und apportierte sie voller Stolz. Sie enthielt vier Fünfdollarscheine. Zwanzig Dollar!

Der Eigner des Frachters am Morton-Street-Pier war ziemlich verblüfft, als eine schäbige alte Droschke, von einem klapperdürren alten Gaul gezogen, neben seinem Schiff vorfuhr, eine alte Frau mit einer Hand voll grüner Geldnoten wedelte und ihm seinen Spinat abkaufen wollte. »Selbstverständlich können Sie das Zeug haben«, sagte er. »Aber wo wollen Sie hin damit? Hier im Hafen kann es nicht bleiben.«

»Zum Washington-Bogen«, murmelte Mrs Logan,

aber der Kapitän sah sie verständnislos an und schüttelte den Kopf.

Inzwischen hatte Bayer mit einem Blick festgestellt, dass es Schwerarbeit werden würde, den Spinat umzuladen, denn Mrs Logan war schließlich eine alte Frau. Sie und Murphy konnten gar nicht so viele Fuhren schaffen. So rannte er in die Zwölfte Straße zurück in der Hoffnung, dass Paul einen Ausweg wusste. Zu seiner Überraschung sah er dort einen schneeweißen Rolls-Royce vor der Haustür parken und Paul Pudermaker war gerade dabei, einen englischen Freund, Lord Donisthorpe, herzlich zu begrüßen.

»Oh bitte, oh bitte, lieber Paul«, bellte Bayer. »Wir brauchen deine Hilfe und deinen Rat ganz dringend!« Er sprang aufgeregt um Paul herum.

Lord Donisthorpe war ein hagerer, älterer englischer Herr mit einem grauen Haarschopf und einer langen Nase. Er betrachtete Bayer mit Anteilnahme und Interesse. »Na, so was, mein lieber Paul! Das ist ja höchst bemerkenswert und rührend! Du und der Hund, ihr könnt euch miteinander verständigen! Einer versteht die Sprache des anderen! Ausgesprochen interessant! Darüber muss ich unbedingt einen wissenschaftlichen Aufsatz schreiben.«

»Ach, das ist doch nicht der Rede wert«, sagte Paul

ganz verlegen und kurz angebunden. »Also Bayer, was ist los? Lord Donisthorpe ist gerade zu Besuch gekommen, kann dein Problem nicht ein paar Minuten warten?«

»Oh nein, Paul, keineswegs, es geht nämlich um diesen Spinatberg unten am Pier, den will Mrs Logan am Washington-Bogen haben.« Und Bayer erzählte, was sich zugetragen hatte.

Daraufhin verbrachten Paul Pudermaker und Lord Donisthorpe den Rest des Tages damit, den Spinat in Lord Donisthorpes Rolls-Royce vom Dock zum Washington Square zu schaffen. Bei Einbruch der Dämmerung hatten sie gerade die letzte Fuhre geschafft. Der Spinat bildete mitten auf dem Rasen eine gewaltige Pyramide, die aussah wie ein übergroßer Weihnachtsbaum. Für Mrs Logan und Murphy war dieser Tag ein Ruhetag gewesen, Mrs Logan hatte lange und gründlich nachgedacht und Murphy hatte Spinat gefressen. Bayer rannte unermüdlich neben dem Rolls-Royce her und genoss alles in vollen Zügen. Einmal war ein Polizist vorbeigekommen und hatte sich sorgenvoll den Spinatberg angesehen, aber Mrs Logan beruhigte ihn: »Bis nach Weihnachten«, sagte sie, »hat Murphy alles aufgefressen.«

Und wirklich, in den nächsten Tagen fraß sich

Murphy so stetig durch den grünen Berg, dass er rasch abnahm. Murphy nahm zu, sein Fell wurde wieder dicht und glatt, seine Mähne und sein Schweif wuchsen jeden Tag ein paar Zentimeter und seine Hufe begannen zu funkeln. Er trabte fröhlich und mit hoch erhobenem Kopf immer um den Washington Square herum und er wieherte dabei und schlug sogar aus.

Unterdessen unterhielten sich Lord Denisthorpe und Paul Pudermaker bei Tee und Gebäck lange und ausführlich mit der alten Mrs Logan.

»Wenn ich an Ihrer Stelle wäre, Madam«, sagte Lord Donisthorpe, »dann würde ich nicht länger auf mein Geld warten. Ich fürchte, diese Schurken, die Sie betrogen haben, sind über alle Berge. Wenn ich Sie wäre, dann nähme ich mein schönes Pferd und führe nach Four Corners zurück.«

Es dauerte lange, bis sich Mrs Logan schließlich überreden ließ. Sie hatte nur einen Einwand: »Murphy ist jetzt in so guter Verfassung, dass er beim Wettrennen der Droschkengäule, das am Weihnachtstag stattfinden soll, mitmachen kann. Wenn wir gewinnen, kriegen wir fünfhundert Dollar. Dann können wir immer noch nach Four Corners zurückfahren und ich hab genug Geld, um ein Weihnachtsgeschenk für meinen Bruder Sean zu kaufen. Der denkt sicher seit zehn Jahren, dass ich tot bin.«

Das war also beschlossen und Paul und Lord Donisthorpe putzten und polierten die Droschke und den Messingbeschlag von Murphys Geschirr, überprüften die Lederriemen und die Zügel, wuschen das Leder mit Sattelseife, rieben das Holz mit Wachs ein, bis die Kutsche zwar nicht wie neu, aber doch erheblich besser als vorher aussah. Zum Schluss befestigten sie eine große rote Rosette an Murphys Stirnband.

Am Weihnachtstag versammelte sich eine große Menschenmenge im Central Park, um dem Rennen zuzuschauen, das einmal im Jahr ausgetragen wurde. Dazu mussten die Droschken dreimal um den Park fahren, das war eine Strecke von achtzehn Meilen. Den ganzen Vormittag über war der Verkehr in dieser Gegend gesperrt. Die Droschken standen aufgereiht vorm Plaza-Hotel, insgesamt dreißig, alle auf Hochglanz geputzt und mit Bändern, Schleifen und Stechginster geschmückt. Mrs Logans Droschke war sicherlich nicht die eleganteste, aber kein anderes Pferd war so gut in Form wie Murphy. Sein Fell schimmerte wie eine reife Kastanie und er schnaubte vor Aufregung. Dann krachte der Startschuss und Murphy zog schon nach der ersten Kurve so weit vor und ließ alle anderen Droschken so weit hinter sich, dass es gar kein Wettrennen mehr zu sein schien. Er galoppierte wie ein Derbysieger, Bayer laut bellend neben sich, eine halbe Meile vor den anderen um das Nordende vom Park und rasselte nun die Fifth Avenue entlang. Doch als er beim Hotel wieder abbiegen wollte, sah er da ein paar Weihnachtsmänner stehen. Er wieherte plötzlich laut auf, weil er sie erkannt hatte, verließ die Rennstrecke und machte sich an die Verfolgung. Die Männer flohen in die Fifth Avenue hinein, Murphy donnerte hinter ihnen her.

»Was ist denn in das Pferd gefahren?«, schrien die Zuschauer. »Hat es den Weg verloren? Murphy, Murphy, komm zurück!«

Mrs Logan hatte die Weihnachtsmänner jedoch auch erkannt und sie schrie: »Marsch, zurück, ihr Halunken! Was ist denn nun mit meinen sechzig Dollar?«

Sie fand, dass ihr die Männer nur noch sechzig schuldeten, nachdem in der Geldbörse, die die Halunken verloren hatten, zwanzig Dollar gewesen waren. Und die hatte sie schon für Spinat ausgegeben.

Das vorige Mal war es den Männern leicht gefallen,

Murphy zu entkommen. Jetzt aber hatten sie keine Chance. Mrs Logan beugte sich mit ihrer Peitsche und ihrem Regenschirm aus der Droschke und angelte sich einen nach dem anderen in den Wagen.

»Jetzt hab ich euch Gauner beisammen!«, rief sie. »Und ich werd euch der Polizei übergeben, denn ihr seid richtige Halunken, ihr habt mir ja nie mein Geld zahlen wollen.«

Und wirklich, schon heulten die Polizeisirenen, denn die Weihnachtsmänner waren gesuchte Verbrecher, für deren Ergreifen viel Geld als Belohnung ausgesetzt war. Das sollten Mrs Logan und Murphy nun bekommen und deshalb machte es nichts, dass sie das Weihnachtsrennen nicht gewonnen hatten.

Am Washington Square trafen die Freunde dann wieder zusammen und halfen Mrs Logan und Murphy beim Packen und bei den letzten Vorbereitungen für die Heimreise.

»Na, wie ist es, kommst du mit uns?«, fragte Murphy Bayer. Bayer brach fast das Herz, aber er antwortete: »Ich kann Paul nicht im Stich lassen. Er ist immer so freundlich zu mir gewesen und ganz alleine könnte er sich verlassen vorkommen.«

»Na, dann leb wohl«, sagte Murphy.

»Lebt wohl! Lebt wohl!«, rief auch Mrs Logan. Denn alle Freunde von Mrs Logan waren zum Park gekommen, um sich von ihr zu verabschieden. Und dann brachen sie auf. Bayer schaute der Droschke nach, wie sie die Sixth Avenue entlangrasselte, und er hatte einen dicken Kloß im Hals. Als er gerade zu heulen beginnen wollte, drängelte sich Paul Pudermaker durch die Menge. »Bayer«, sagte er, »Lord Donisthorpe hat mich für ein Jahr nach England eingeladen. Ich würde die Einladung schrecklich gern annehmen, aber wenn ich dich mitnehme, dann musst du sechs Monate in Quarantäne. Die Engländer sind da ziemlich streng. Deshalb hab ich gedacht, ob du wohl mit Mrs Logan und Murphy nach New Hampshire gehen willst . . .?«

Bayer warf den Kopf herum und sah, dass die Droschke schon verschwunden war. »Die hol ich jetzt nicht mehr ein«, sagte er niedergeschlagen.

»Unfug, mein bester Hund«, rief Lord Donisthorpe. »Wozu haben wir denn einen Rolls-Royce? Murphy mag ja einen ganz anständigen Schritt am Leibe haben, aber ich habe noch nie von einem Pferd gehört, das es mit einem Rolls-Royce aufnehmen könnte. Hüpf hinein, dann haben wir sie bald.«

Bayer und Paul sprangen in den schneeweißen Rolls-Royce, auf dessen grauen Tweedpolstern immer noch reichlich Spinat klebte. Lord Donisthorpe ließ den Motor an, der mit sanftem Schnurren erwachte, berührte einmal kurz das Gaspedal und schon hob der große Wagen wie ein Hubschrauber ab. Und trotzdem: Murphy holten sie erst ein, als er die Stadt schon mit allen Vororten hinter sich gelassen hatte.

Wenn ihr also jetzt zum Washington Square kommt, dann könnt ihr nicht mehr erleben, wie Mrs Logan ihre Kleider in die Bäume hängt, und ihr könnt auch Murphy, das Pferd, nicht mehr unter dem Washington-Bogen stehen sehen. Sie sind wieder in Four Corners in New Hampshire und Bayer, der Labradorhund, wohnt bei ihnen.

Aus dem Englischen: Sybil Gräfin Schönfeldt

ANGELIKA KUTSCH

Und auch ein Küsschen für Mischka

Bochum, am 17. Dezember

Lieber Marek, jetzt sind wir schon fast ein halbes Jahr hier und ich habe dir noch nicht geschrieben. Als wir von zu Hause wegfuhren, wurden gerade die Kirschen reif. Hoffentlich hast du keine Bauchschmerzen gekriegt, weil du alle Kirschen für mich mitessen musstest! Jetzt ist bald Weihnachten und bei euch liegt sicher Schnee. Fast hätte ich »bei uns« geschrieben. Bei uns zu Hause. Aber ich soll ja jetzt hier zu Hause sein, sagt Mama, und hier liegt kein Schnee. Manchmal fällt welcher vom Himmel. Ich seh es von meinem Fenster, dann krieg ich richtig Herzklopfen vor Freude und muss runterrennen auf die Straße. Aber der Schnee scheint gar nicht unten anzukommen. Er fällt bloß und fällt und der Asphalt bleibt nass und schwarz. Meistens jedenfalls. Aber einmal musste Papa sein Auto ausgraben. Da war es hier schön, fast einen Vormittag lang. Als ich aus der Schule kam, war es nur noch brauner Matsch.

Stell dir vor, wir haben jetzt ein Auto, ein gebrauchtes. Das hat Papa sich zu Weihnachten geschenkt, sagt er. Aber Mama sagt, es ist kein Geschenk, weil es erstens noch nicht richtig bezahlt ist (Onkel Georg hat Papa Geld geliehen), weil man zweitens sich nicht selbst was schenkt und weil es überhaupt viel zu groß ist für ein Geschenk.

So ist hier alles, irgendwie zu groß und zu viel. Ich hab noch nie solche Fleisch- und Wurstberge gesehen. Sogar Erdbeeren mitten im Winter gibt's, aber nicht bergeweise. Es gibt Schokoladenberge und Apfelsinenberge und T-Shirt-Berge und Schuhberge – alles, was es bei uns, ich meine bei euch, nicht gibt. Wenn ich an die eine Wurst denke, die manchmal im Regal beim Schlachter gelegen hat . . . Aber heute liegt da nicht mal mehr eine, sagt Mama, bei euch also. Oder die paar Erdbeeren, die die alte Stefka in ihrem alten Kinderwagen ankarrte, um sie an Touristen aus dem Westen zu verkaufen!

Eben hat Mama gelesen, was ich dir bis jetzt geschrieben habe. Sie hat gelacht und gesagt, sie kann schon fast kein Polnisch mehr. Das klang irgendwie stolz. Und dann hat sie gesagt, ich soll nicht von drüben, sondern von hier schreiben. Wie's da ist, weißt du ja, sagt sie, aber wie wir es jetzt haben, weißt du nicht. Dabei denke ich abends im Bett nie daran, wie es jetzt ist. Ich denk immer an drüben (so nennen sie das hier), an dich und daran, wie es früher gewesen ist. Und an Mischka (kriegt er auch genug zu fressen? Und ob er mich auch ein bisschen vermisst? Sag ihm, dass ich ihn schrecklich vermisse!).

Es ist Sonntag und Mama hat frei. Sie hat nur noch selten frei. Sie arbeitet in der Fabrik, genau wie Papa. Wenn sie mal freihat, ist sie meistens müde. Aber weil sie weiß, dass ich heute an dich schreibe, ist sie wohl nicht müde. Dauernd kommt sie rein und guckt mir über die Schulter. Sie sagt, ich soll von unserer neuen Wohnung erzählen und von meinem Fahrrad und dem Kassettenrekorder. Ich find das ja auch alles toll. Aber noch toller wäre es eben, wenn du hier wärst und Mischka und unser Garten und der Wald und der See. Stell dir vor, jetzt hab ich manchmal sogar Sehnsucht nach der alten Stefka, vor der wir uns immer so gegrault haben. Ich glaub, sie ist gar keine Hexe. Weißt du noch, wie sie immer gekreischt hat, wenn wir vor ihrem Haus stehen geblieben sind und »Stefka-Pefka« gerufen haben? Ich glaube, heute würde ich sie nicht mehr ärgern. Ich würde sie nur noch angucken.

Und Mischka! Den würde ich nur noch streicheln. Ach, wenn er doch hier wäre! Wie viele Knochen ich für ihn hätte! Ich würde ihm die verrückten Hunde zeigen. Aber wahrscheinlich sind die Leute hier verrückt, die den armen Hunden was anziehen, Decken überhängen, dass sie kaum noch ein Bein heben können.

Mama sagt, ich soll jetzt endlich damit aufhören und von Weihnachten erzählen, dass ich Kerzen an meinem Fenster habe, elektrische, und die Kerzen und das Fenster gehören mir fast allein, weil nur noch Gabi in meinem Zimmer schläft. Im Lager haben wir alle fünf in einem Zimmer geschlafen.

Vor zwei Wochen sind wir hier eingezogen. Mama hat gesagt: »Eigentlich sind wir jetzt erst angekommen.« Ich find das komisch. Als der Zug vor fast sechs Monaten in Friedland hielt, hat sie so was Ähnliches gesagt. »Jetzt sind wir endlich zu Hause«, hat sie gesagt. Dabei waren wir doch noch im Zug und alle um uns rum redeten Polnisch. Da in dem Lager, in dem wir ein paar Tage bleiben mussten, das war alles sehr unwirklich und kein bisschen wie zu Hause, obwohl die Leute immer noch polnisch und russisch redeten und so ähnlich angezogen waren wie wir. Mit Sachen also, die wir dort bekommen hatten. Lauter Sachen, die die Leute hier im Westen nicht mehr tragen mögen. Glaube ich. Wie kann man sich da zu Hause fühlen?

Ich versteh nicht, wie Mama so was sagen kann. Sie ist doch auch in Elk geboren (früher hieß das Lyck, sagen die Leute hier) und ihre Eltern auch und deren Eltern auch. Die haben noch alle richtig deutsch geredet, aber Mama musste hier genau wie wir Deutschkurse besuchen und immer noch hört man, dass sie aus Polen kommt. Unser Zuhause ist doch bei euch! Papa hat solchen Quatsch nie gesagt. Der hat bloß immer dicke Kataloge mit bunten Bildern angeguckt, die Onkel Georg schickte, und hat angestrichen, was er alles kaufen würde, wenn er im Westen wäre. Das hab ich ja noch verstanden. Aber dass Mama »nach Hause« wollte . . .! Dabei ist Mischka drüben geblieben (und er war fast genauso ihr Hund wie meiner) und ihre beste Freundin Zofia von nebenan und alle anderen. Als ob Freunde nicht auch zum Zuhause gehörten!

Ein bisschen sehnt sie sich ja auch, sagt sie. Manchmal. Aber jetzt sind wir angekommen, sagt sie, jetzt müssen wir vorwärts schauen. Ha, ha! Kaum hat man eine eigene Küche und ein eigenes Klo, schon ist man zu Hause. So einfach geht das.

Einen Hund dürfen wir uns hier jedenfalls nicht halten. Das steht im Mietvertrag, hat Papa gesagt.

Und ich glaub auch nicht, dass die Nachbarin, die bei unserem Einzug den ganzen Tag hinter den Gardinen gestanden und zugeguckt hat, wie unsere paar Sachen ins Haus geschleppt wurden, bald Mamas Freundin wird. Jetzt darfst du nicht denken, dass sie böse ist.

Ganz freundlich gegrüßt hat sie uns und gesagt, wenn wir mal Hilfe brauchen, dann sollen wir sie ruhig fragen. Aber irgendwie hat ihr Gesicht dabei so ausgesehen, dass wir sie wohl lieber nicht fragen werden, wenn wir mal Hilfe brauchen. Außerdem brauchen wir keine Hilfe mehr, sagt Mama, hier schafft jeder alles allein, und das soll das Schöne am Westen sein. Aber nett sind die Leute, wirklich. Sie

lächeln. Ich muss auch lächeln und ich denke, mein Lächeln ist bald festgewachsen. Es tut richtig ein bisschen weh.

Soll ich dir mal was verraten? Die erste Zeit in dem Lager in Unna, da hab ich geweint und geweint. Deswegen hab ich dir auch nie geschrieben. Da waren nur Tränen in meinem Kopf und Mama hat gesagt, ich bin undankbar. Das alles hätten sie nur für uns auf sich genommen, damit wir es einmal besser haben. Manchmal ist sie richtig verzweifelt. Hanka hat gesagt, sie zieht sofort zurück nach Polen, wenn sie volljährig ist, und heiratet Zygmunt. Wenn Mama das hört, wird sie fuchsteufelswild. Mit Gabi ist es ganz schlimm. Manchmal plärrt sie schon am Frühstückstisch und sagt, sie will den Hitler-Quark nicht essen und die Hitler-Sprache will sie schon gar nicht lernen. Einmal hat Mama ihr eine runtergehauen. Zu Hause hat sie so was nicht getan.

Ich heul jetzt nicht mehr. Es ist ja wirklich alles sehr schön, mein Zimmer, die vielen flotten Autos und der Weihnachtsmarkt und die Schokoladenberge. Ich wein nur noch im Traum. Manchmal, wenn ich aufwache, ist mein Kopfkissen ein bisschen nass.

Ich hab die Hand drübergehalten, aber Mama hat doch mitgelesen und gesagt, ich soll aufhören zu jammern. Mir geht's doch gut, hat sie gesagt, und ich soll mal an die arme Hanne denken. Weißt du, wer Hanne ist? Das ist Hanka! Jetzt heißt sie Hanne und Mama passt auf, dass niemand mehr Hanka sagt. Ich find Hanka viel schöner. Die musste in eine Internatsschule, um richtig Deutsch zu lernen. Bei mir ging das schneller, deswegen haben sie mich gleich in eine normale Schule geschickt. Da geh ich jetzt aber in die vierte statt in die fünfte Klasse. Was das für ein Glück sein soll! Ich beneide Hanka. Die darf noch mit all den anderen im Internat polnisch reden. Weihnachten kommt sie her. Dann sind wir wieder eine richtige Familie, sagt Mama. In Polen waren wir immer eine richtige Familie, alle Tage, hier nur am Wochenende oder Weihnachten, wenn alle da sind. In der Woche sind wir keine Familie. Da sind wir, Mama und Papa und Gabi und ich – jeder für sich. Jeder hat einen eigenen Schlüssel. In Polen war Mama zu Hause, wenn ich aus der Schule kam, und hörte sich an, was ich so erlebt hatte. Wenn ich hier nach Hause komme, ist höchstens Gabi da, und wenn Mama kommt, jammert sie, dass sie noch Mittag machen muss, und hört gar nicht hin, wenn wir ihr was erzählen.

Wenn wir meckern, sagt sie, in Polen waren wir arm, hier sind wir reich. Sie redet dauernd von den leeren Regalen in Polen, kein Mehl, kein Zucker, keine Rosinen zum Backen, Bananen und Nüsse sowieso nicht, und die Gänse müsst ihr an uns verkaufen. Vielleicht müsst ihr bald sogar frieren, sagt Mama, weil ihr keine Kohlen mehr habt. Wenn sie so was sagt, denkt sie gar nicht mehr an euch, glaube ich. Dann denkt sie nur an uns und dass wir nicht mehr frieren müssen.

Übrigens glaub ich nicht, dass wir reich sind. Die Möbel in unserer Wohnung sind alle alt. Die haben wir von irgendeinem Amt gekriegt. Mama dreht jede Mark um, ehe sie sie ausgibt. Damit wir uns die schönen Kleider leisten können, sagt sie. Gut gekleidet zu sein ist wichtiger als schöne Möbel. Uns kommt ja doch niemand besuchen.

Gerade jetzt muss ich immer daran denken, wie wir auf die Pakete aus dem Westen gewartet haben, gerade zu Weihnachten. Von meiner Oma und von Onkel Georg und von deiner Tante und von fremden Leuten, die uns was schickten. Wie haben wir uns gefreut und getauscht und beim anderen geguckt! Das war Weihnachten. Jetzt packen wir selber Pakete. Mama will auch eins an deine Mama schicken. Ich leg was für dich hinein. Die Sachen von meinem Nikolausteller hab ich schon für dich gespart, und wenn noch was von meinem Taschengeld übrig bleibt, kriegst du eine Überraschung. Erst mal muss ich für Mama und Papa und Hanka und Gabi was kaufen. Ich weiß gar nicht, was, weil es so viel gibt, dass ich gar nichts mehr sehe. Am liebsten würde ich ihnen was basteln oder malen. Aber ich glaube, das ist wertlos. Hier muss man kaufen. Es ist ein blödes Gefühl. Ich fühle Weihnachten gar nicht. In jedem Kaufhaus dudelt Weihnachtsmusik und vor der Tür steht ein Weihnachtsmann mit lockigem

Bart und ich weiß, es ist gar kein Weihnachtsmann. Und überall die Tannenbäume. Die sind hier wie Straßenbeleuchtung, nicht wie was Besonderes. Ich warte noch bis Heiligabend. Vielleicht ist dann richtig Weihnachten. Aber was ich kriege, weiß ich schon. Einiges musste ich anprobieren und die elektrische Eisenbahn ist so groß, dass sie sie nicht richtig verstecken können. Eigentlich bin ich ja schon zu alt dafür, sagt Papa, aber weil ich so was in Polen nicht gehabt hab . . . Ich glaub, die schenkt er sich auch selber. Ich hätte nur einen Weihnachtswunsch: dass ich euch im nächsten Sommer besuchen darf. Ich werd Papa mal fragen. Ich glaube, der würde ganz gern sein Auto zeigen. Hanka will auch wieder hin, wegen ihrer flotten Jeans und wegen Zygmunt. Wenn Mama so was hört, kriegt sie ganz schmale Augen und einen schmalen Mund und geht weg. Warum versteht sie uns bloß nicht? Von mir aus kann sie so viele Gardinen und Bilder aufhängen, wie sie will – ich bin noch längst nicht angekommen.

So einen langen Brief hab ich noch nie geschrieben. Aber es ist ja auch Weihnachten. Da tut man besondere Sachen. Frohe Weihnachten, Marek, und viele Küsschen

dein Freund Reimund

PS: Und auch ein Küsschen für Mischka.

ERICH KÄSTNER

Sechsundvierzig Heiligabende

Fünfundvierzig Mal hintereinander hab ich mit meinen Eltern zusammen die Kerzen am Christbaum brennen sehen. Als Flaschenkind, als Schuljunge, als Seminarist, als Soldat, als Student, als angehender Journalist, als verbotener Schriftsteller. In Kriegen und im Frieden. In traurigen und in frohen Zeiten. Vor einem Jahr zum letzten Mal. Als es Dresden, meine Vaterstadt, noch gab.

Diesmal werden meine Eltern am Heiligabend allein sein. Im Vorderzimmer werden sie sitzen und schweigend vor sich hin starren. Das heißt, der Vater wird nicht sitzen, sondern am Ofen lehnen. Hoffentlich hat er eine Zigarre im Mund. Denn rauchen tut er für sein Leben gern. »Vater hält den Ofen, damit er nicht umfällt«, sagte meine Mutter früher. Mit einem Male wird er »Gute Nacht« murmeln und klein und gebückt, denn er ist fast achtzig Jahre alt, in sein Schlafzimmer gehen.

Nun sitzt sie ganz einsam und verlassen. Ein paar Mal hört sie ihn nebenan noch husten. Schließlich wird es in der Wohnung vollkommen still sein . . . Bei Grüttners oder Ternettes singen sie vielleicht »Oh du fröhliche, oh du selige«. Meine Mutter tritt ans Fenster und schaut auf die weiß bemützten Häuserruinen gegenüber. Am Neustädter Bahnhof pfeift ein Zug. Aber ich werde nicht in dem Zuge sein.

Dann wird sie in ihren Kamelhaarpantoffeln leise und langsam durchs Zimmer wandern und meine Fotografien betrachten, die an den Wänden hängen und auf dem Vertiko stehen. In den Büchern, die ich geschrieben habe und die sie auf den Tisch gelegt hat, wird sie blättern. Seufzen wird sie. Und vor sich hin flüstern: »Mein guter Junge.« Und ein wenig weinen. Nicht laut, obwohl sie allein im Zimmer ist. Aber so, dass ihr das alte, tapfere Herz weh tut.

Wenn ich daran denke, ist es mir, als müsste ich, hier in München, auf der Stelle vom Stuhl aufspringen, die Treppen hinunterstürzen und, ohne anzuhalten, bis nach Dresden jagen. Durch die Straßen und Wälder und Dörfer. Über die Brücken und Berge und verschneiten Äcker und Wiesen. Bis ich endlich außer Atem vor dem Haus stünde, in dem sie sitzt und sich nach mir sehnt, wie ich mich nach ihr.

Aber ich werde nicht die Treppen hinunterstürzen. Ich werde nicht durch die Nacht nach Dresden rennen. Es gibt Dinge, die mächtiger sind als Wünsche. Da muss man sich fügen, ob man will oder nicht. Man lernt es mit der Zeit. Dafür sorgt das Leben. Sogar von euch wird das schon mancher wissen. Vieles erfährt der Mensch zu früh. Und vieles zu spät.

Meine liebe Mutter . . . Nun bin ich doch selber schon ein leicht angegrauter, älterer Herr von reichlich sechsundvierzig Jahren. Aber der Mutter gegenüber bleibt man immer ein Kind. Mutters Kind eben. Ob man sechsundvierzig ist oder Ministerpräsident von Bischofswerda oder Johann Wolfgang von Goethe persönlich. Das ist den Müttern, Gott sei Dank, herzlich einerlei!

Später wird sie sich eine Tasse Malzkaffee einschenken. Aus der Zwiebelmusterkanne, die in der Ofenröhre warm steht. Dann wird sie ihre Brille aufsetzen und meinen letzten Brief noch einmal lesen. Und ihn sinken lassen. Und an die fünfundvierzig Heiligabende denken, die wir gemeinsam verlebt haben. An Weihnachtsfeste besonders, die weit, weit zurückliegen. In längst vergangenen Zeiten, da ich noch ein kleiner Junge war.

An das eine Mal etwa, wo ich ihr einen großen, schönen feuerfesten Topf gekauft hatte und mit ihm, als sie mich zur Bescherung rief, hastig durch den Flur rannte. Als ich ins Zimmer einbiegen wollte, begann ich strahlend: »Da, Mutti, hast du...«Ich wollte natürlich rufen: »... einen Topf!« Aber nein, Mutters feuerfester Topf kam leider, als ich in die Zielgerade einbog, mit der Tür in Berührung. Er zerbrach und ich stammelte entgeistert: »Da, Mutti, hast du – einen Henkel!« Denn mehr als den Henkel hatte ich nicht in der Hand.

Wenn sie daran denkt, wird sie lächeln. Und einen Schluck Malzkaffee trinken. Und sich anderer Weihnachten erinnern. Vielleicht jenes Heiligabends, an dem ich ihr die »sieben Sachen« schenkte. Verlegen überreichte ich ihr eine kleine, in Seidenpapier gewickelte Pappschachtel und sagte, während sie diese unterm Christbaum vorsichtig und gespannt auspackte: »Weißt du, ich habe doch nicht viel Geld gehabt – aber es sind sieben Sachen und alle sieben sind sehr praktisch!« In der Schachtel fand sie eine Rolle schwarzen Zwirn, eine Rolle weißen Zwirn, eine Spule schwarzer Nähseide, eine Spule weißer Nähseide, ein Briefchen Sicherheitsnadeln, ein Heftchen Nähnadeln und ein Kärtchen mit einem Dutzend Druckknöpfchen. Sieben

Sachen! Da freute sie sich sehr und ich war stolz wie der Kaiser von Annam.

Oder ihr fällt jener Weihnachtsabend ein, an dem ich, nach der Bescherung, noch zu Försters Fritz, meinem besten Freunde, lief, um zu sehen, was denn der bekommen hatte. Seinen Eltern gehörte das Milchgeschäft an der Ecke Jordanstraße . . . Ganz plötzlich kam ich wieder nach Hause. Ich stand, als meine Mutter die Tür öffnete, blass und verstört vor ihr. Försters Fritz hatte eine Eisenbahn geschenkt bekommen, und als ich damit hatte spielen wollen, hatte er mich geschlagen!

Da stand ich nun klein und ernst vor ihr und fragte, was ich tun solle. Zurückschlagen hatte ich nicht können. Er war ja mein bester Freund! Und warum er mich eigentlich geschlagen hatte, begriff ich überhaupt nicht. Was hatte ich ihm denn getan?

Damals hatte meine Mutter zu mir gesagt: »Es war richtig, dass du nicht zurückgeschlagen hast! Einen Freund, der uns haut, sollen wir nicht auch prügeln, sondern mit Verachtung strafen.«

»Mit Verachtung strafen?« Ich machte kehrt.

»Wo willst du denn hin?«, fragte meine Mutter.

»Wieder zurück!«, erklärte ich energisch. »Ihn mit Verachtung strafen!« Und so ging ich wieder zu Försters und verbrachte den Rest des Abends damit, meinen Freund Fritz gehörig zu verachten. Leider weiß ich nicht mehr, wie ich das im Einzelnen gemacht habe. Schade. Sonst könnte ich euch das Rezept verraten.

Oder meine Mutter wird an einen anderen Heiligabend denken, der nicht ganz so weit zurückliegt. Es sind höchstens zwanzig Jahre her – da gingen wir, nach unserer Bescherung, an den Albertplatz zu Tante Lina, um dabei zu sein, wenn der kleine Franz beschert bekäme. Franz war das Kind meiner früh verstorbenen Base Dora.

Ich war damals ungefähr fünfundzwanzig Jahre alt. Und plötzlich sagte Tante Lina, der Weihnachtsmann, der zum kleinen Franz hätte kommen sollen, habe in letzter Minute wegen Überlastung abtelefoniert und ich müsse ihn unbedingt vertreten! Sie zogen mir einen umgewendeten Pelz an, hängten mir einen großen weißen Bart aus Watte um, drückten mir einen Sack mit Äpfeln und Haselnüssen in die Hand und stießen mich in das Zimmer, wo Franz, der kleine Knirps, neugierig und etwas ängstlich auf den richtigen Weihnachtsmann wartete. Als ich ihn mit kellertiefer Stimme fragte, ob er auch gut gefolgt habe, antwortete er: Oh ja, das habe er schon getan. Und dann kitzelte mich der alberne Wattebart derartig in der Nase, dass ich laut niesen musste.

Und der kleine Franz sagte höflich: »Prost, Onkel Erich!« Er hatte den Schwindel von Anfang an durchschaut und hatte nur geschwiegen, um uns Erwachsenen den Spaß nicht zu verderben.

Meine Mutter in Dresden wird also an vergangene glücklichere Weihnachten denken. Und ich in München werde es auch tun. Erinnerungen an schönere Zeiten sind kostbar wie alte goldene Münzen. Erinnerungen sind der einzige Besitz, den uns niemand stehlen kann, und der, wenn wir sonst alles verloren haben, nicht mit verbrannt ist. Merkt euch das! Vergesst es nie!

Während ich am Schreibtisch sitze, werden meiner Mutter vielleicht die Ohren klingen. Da wird sie lächeln und meine Fotografien anblicken, ihnen zunicken und flüstern: »Ich weiß schon, mein Junge, du denkst an mich.«

CHRISTINE NÖSTLINGER

Links unterm Christbaum

Ich war damals acht Jahre alt und mein größter Wunsch war ein Hund. Ein großer Bernhardiner-hund. Der Wirt im Nachbarhaus hatte früher so einen Hund gehabt. Der hatte immer vor der Wirtshaustür gelegen und ich war oft bei ihm gehockt und hatte ihn gestreichelt und hinter den Ohren gekrault. Und wenn ich ihm mein nacktes Bein hingehalten hatte, hatte er das Bein mit seiner weichen, nassen Zunge abgeschleckt. Nun war der Bernhardiner vom Wirt tot und ich wollte einen eigenen Bernhardiner haben. Doch ich hätte mich auch mit einem anderen Hund zufrieden gegeben. Bis auf einen Rehpinscher – vor dem mir grauste – wäre mir jeder recht gewesen. Hunden galt meine ganze Sehnsucht. Wenn ich die anfasste, wenn ich von denen betapscht wurde, spür-te ich so eine mächtige Zufriedenheit in mir, wie ich sie nie spürte, wenn ich Menschen anfasste oder von ihnen betapscht wurde.

Zu jedem Geburtstag und Namenstag, zu Ostern und zu Weihnachten, immer, wenn man mich fragte: »Was wünschst du dir?«, sagte ich: »Einen Hund, bitte!«, und meine Mutter sagte darauf ungeduldig: »Hör doch endlich auf mit dem Unsinn!« Meine Mutter mochte Hunde nicht sehr. Doch wenn damals nicht Krieg gewesen wäre, wenn die Zeiten besser gewesen wären, hätte sie vielleicht nachgegeben; beeindruckt von so viel kindlicher Hartnäckigkeit. Aber so, wie wir lebten, war es unmöglich, einen Hund zu halten. Für einen Hund, auch für einen kleinen, hätten die Fleischmarken der ganzen Familie nicht gereicht. Meine Mutter erklärte mir das immer wieder, zeigte mir jeden Samstag das Stück Fleisch, das unsere Wochenration war, und sagte: »Schau dir das an! Und davon soll auch noch ein Hund mitfressen?«

Ich war stur. »Andere Leute haben auch einen Hund!«, sagte ich und zählte auf, wer in der Gegend einen Hund hatte. Meine Mutter sagte, dass der Meier-Hund eben ein Nazi-Hund sei und gute Nazis in lausigen Zeiten besser an Fleisch herankommen – und dass der Schodl-Hund nur deshalb zu halten sei, weil die Frau Schodl eine Tante auf dem Land hat, die Fleisch schickt – und dass die anderen Hunde in der Gegend ohnehin schon halb verhungert seien.

Ich gab trotzdem nicht nach. Meine Sehnsucht nach Hundsfell und Hundsschnauze war zu stark. Außerdem war ich gewohnt, dass meine Wünsche erfüllt wurden. Als ich mir den Puppenwagen gewünscht hatte, hatte ihn meine Mutter gegen ihren schönen Fuchskragen eingetauscht, und als ich einen Kaufmannsladen haben wollte, hatte ihn mein Großvater – weil es keinen zu kaufen gab – in wochenlanger Arbeit gebastelt. Ich glaubte daran, dass man nur besonders stark wünschen muss, damit ein Wunsch in Erfüllung geht.

Es war ein paar Wochen vor Weihnachten, da fragte mich mein Großvater: »Na, was glaubst du, bekommst du zu Weihnachten?« Da er mich nicht gefragt hatte, was ich mir wünsche, sondern was ich bekommen werde, sagte ich nichts vom Hund, sondern redete von Buntstiften und Puppenkleidern und einem Service für die Puppenküche.

»Und von mir?«, fragte der Großvater. Ich hatte keine Ahnung. Letztes Jahr zu Weihnachten hatte er mir seinen Füllfederhalter geschenkt, weil ich für die Schule einen gebraucht hatte und nirgendwo einer aufzutreiben gewesen war.

»Neue Hausschuhe?«, probierte ich. Der Großvater

war mit einem Schuhhändler befreundet, der gab ihm manchmal geheime Schätze aus seinem Vorkriegslager.

Der Großvater lächelte und schüttelte den Kopf. »Was viel, viel Schöneres«, sagte er. »Da wirst du Augen machen!« Er beugte sich zu mir und flüsterte mir ins Ohr: »Etwas, das lebt! Mehr verrate ich nicht!«

Mehr brauchte er mir auch nicht zu verraten! Etwas, das lebte und viel, viel schöner war, war ein Hund! Ich umarmte den Großvater und küsste ihn auf den Mund, was ich sonst nie tat, weil mich sein Schnauzbart störte.

»Aber nix verraten, hörst!«, mahnte der Großvater.

Das schwor ich hoch und heilig. Ich war ja nicht dumm, wusste ja, dass Weihnachten die »Überraschungen« das Wichtigste sind. Niemand sollte erfahren, dass der Großvater geplaudert hatte!

Ganz heimlich holte ich den alten Strohkorb vom Dachboden, und als mich meine Mutter dabei ertappte, wie ich aus meiner neuen Dirndlschürze ein Kissen nähte und es mit Watte füllte, mogelte ich und sagte, dass ich mir ein Puppenbett bastle. Und als meine Mutter dahinter kam, dass ich meine »Deutschen Heldensagen« bei der Hermi gegen eine feste, neue rote Hundeleine eingetauscht hatte,

band ich mir die Hundeleine um den Bauch und behauptete, sie gefalle mir als Gürtel.

Es beunruhigte mich auch nicht, als meine Mutter eine Woche vor Weihnachten zur Nachbarin sagte: »Das Kind will einen Hund, aber das geht natürlich nicht!« Ich kannte die Erwachsenen! Die taten immer so. Wegen der Überraschung. Den Puppenwagen und den Kaufmannsladen hatten sie auch als ganz »unmöglich« und »ausgeschlossen« hingestellt und dann hatten sie doch unter dem Christbaum gestanden.

Am Heiligen Abend war ich aufgeregt wie noch nie. Aber ich war, ganz gegen meine Art, sehr leise aufgeregt und ich versuchte auch meine Schwester am Lautsein zu hindern, weil ich auf ein leises Bellen, ein sanftes Jaulen lauschte. Mein Hund musste ja schon im Haus sein, denn die Tierhandlungen hatten bereits geschlossen.

In der Wohnung, entschied ich, konnte der Hund nicht sein. Unsere Wohnung war klein. Da hätte ich ihn bemerkt. Ich stieg auf den Dachboden hinauf und ich stieg sogar in den Keller hinunter, obwohl ich vor dem Keller große Angst hatte. Aber auch im Keller war kein Bellen und kein Winseln. Es gab nur noch eine Möglichkeit: Mein Hund musste bei der Nachbarin sein!

Natürlich war mein Hund bei der Nachbarin! Warum sonst wohl hatte die gesagt »Heute nicht, mein Kind«, als ich sie hatte besuchen wollen. Sonst ließ sie mich doch immer in die Wohnung. Sonst freute sie sich, wenn ich zu ihr kam.

Es war anzunehmen, dass mir der Großvater den kleinsten Hund gekauft hatte, der aufzutreiben war, weil der kleinste Hund am wenigsten fraß.

»Schnackerl«, überlegte ich mir, war der beste Name für so einen winzigen Hund.

Punkt sieben Uhr war bei uns zu Hause immer die »Bescherung«, darum mussten meine Schwester und ich um halb sieben in einem kleinen Zimmer verschwinden, damit meine Mutter die Geschenke unter den Christbaum stellen und die Kerzen anzünden konnte.

Ich saß in dem Zimmer und biss an meinen Fingernägeln und hoffte, dass der Hund, wenn er schon so klein war, wenigstens lange, weiche Haare hatte. Ganz deutlich hörte ich meinen Großvater die Wohnung verlassen. Am schlapfenden Hausschuhgang erkannte ich das. Dann hörte ich die Türglocke an der Nachbarwohnung, kurz darauf wieder die Schlapfenschritte vom Großvater – und dann bimmelte das Weihnachtsglöckchen. Meine Schwester stürzte aus dem Zimmer und ich ging langsam hinterher, weil man auf das große Glück nicht losrennen kann. Dem muss man sich Schritt um Schritt nähern, sonst schnappt man über vor Glück.

Unser Christbaum reichte bis zur Zimmerdecke, unzählige Kerzen waren darauf und brannten flackernd und viele Wunderkerzen sprühten einen Sternenhimmel in das Zimmer. Links unter dem Christbaum, das war jedes Jahr so, lagen die Geschenke für mich. Ich sah eine neue Schultasche und Buntstifte und ein Puppenservice. Und dann war da noch ein großes Ding, verdeckt von einem weißen Tuch. Der Großvater stand neben dem Ding und zog das weiße Tuch weg. Ein Vogelkäfig mit einem Wellensittich war darunter. Blau war der Wellensittich. Der Großvater bückte sich, öffnete die Tür vom Vogelkäfig und holte den blauen Sittich heraus.

»Hansi heißt er«, sagte der Großvater. »Na komm, nimm ihn!« Er setzte den Vogel auf seinen Zeigefinger und hielt ihn mir dicht vors Gesicht. »Na, so nimm ihn doch«, verlangte er.

Ich griff nach dem Vogel und nahm ihn in die Hand und schloss sie zur Faust. Auf der einen Seite der Faust schaute der blaue Vogelkopf heraus, auf der anderen Seite der blaue Schwanz. Der Vogel pickte mich mit seinem scharfen Schnabel in die Haut zwischen Daumen und Zeigefinger. Ich schrie »Au« und presste die Faust fest zusammen, dann öffnete ich sie wieder. Der Vogel flog nicht weg. Er fiel zu Boden. Er war tot. Ich fing zu weinen an.

Der Großvater und meine Mutter und meine Schwester redeten mir gut zu. Dass das doch kein Unglück sei, sagten sie. Dass man so einen blauen Vogel nach den Feiertagen nachkaufen könne. Und dass ich doch »nichts dafür« könne. Und dass ich doch an so einem schönen Tag nicht traurig sein soll, wegen einem kleinen blauen Vogel. Aber ich

hörte nicht zu weinen auf, denn ich spürte ganz genau, dass ich »etwas dafür« konnte. Und ich schämte mich, weil sie mich für besser hielten, als ich war. Und weil es mir nicht gelang, wegen dem toten Vogel zu weinen. Ich beweinte einen Hund, den es nie gegeben hatte, den außer mir niemand kannte. Und weil ihn außer mir niemand kannte, konnte mich auch niemand seinetwegen trösten. Und weil mich niemand tröstete, fühlte ich mich schuldig. Schon oft hatte man mir gesagt, dass ich an etwas »schuld« sei. Nie hatte ich das anerkannt. Nun sagte es mir niemand – und das machte die Schuld doppelt schwer.

Ich bestrafte mich damit, dass ich nie mehr den Wunsch nach einem Hund erwähnte. Das machte es ein bisschen leichter. Aber leicht war es trotzdem nicht, ein Kind zu sein und zu wissen, dass man eine ist, die aus Enttäuschung Vögel totmacht.

ASTRID LINDGREN

Gute Nacht, Herr Landstreicher!

Es war am Sonntag vor Weihnachten und Mama und Papa wollten zur Beerdigung. Eigentlich war es eine ganz verrückte Zeit für eine Beerdigung, aber manchmal kommt es vor, dass mitten im Weihnachtsgroßreinmachen Leute sterben.

Die Kinder sollten allein zu Hause bleiben. So schlimm war das gar nicht. Sie sollten am Küchentisch sitzen und Tannenbaumschmuck aus Glanzpapier schneiden. Der Speiseschrank war voll Weihnachtsessen – falls sie Hunger bekommen sollten. Und außerdem hatten sie eine ganze Schüssel voller Karamellbonbons, hellbraune mit vielen Mandeln darin. Sie blieben so herrlich an den Zähnen hängen und waren ganz zäh und klebrig und sie waren extra zu Weihnachten gemacht.

Es gab nur eine Sache, die Mama Sorge machte.

»Seht zu, dass ihr die Tür geschlossen haltet«, sagte sie. »Lasst bloß keinen Landstreicher ins Haus.«

Es war nämlich zu jener Zeit, in der viele, viele Landstreicher unterwegs waren. Landstreicher unterschiedlicher Art. Freundliche, etwas schüchterne Landstreicher, die sich scheu auf einen Stuhl bei der Tür setzten und kein Wort sagten. Gesprächige Landstreicher, die fantasierten und Geschichten erfanden. Betrunkene Landstreicher, die manchmal guter Laune waren und manchmal das Messer zogen. Und dann solche Landstreicher, die so verlaust waren, dass Mama den Stuhl abfegen musste, wenn sie gegangen waren. Mama konnte Landstreicher gar nicht leiden. Wenn sie ihnen auch große, dicke Butterbrote mit viel kaltem Fleisch darauf gab.

Jetzt aber sollten wie gesagt die Kinder ganz allein im Haus bleiben.

»Lasst keinen Landstreicher rein«, war das Letzte, was Mama noch sagte, bevor sie hinausging und sich in den Schlitten setzte, wo Papa es schon eine Weile schwer gehabt hatte, die Pferde still zu halten.

Nein, die Kinder dachten gar nicht daran, einen Landstreicher hereinzulassen. Sie schnitten Tannenbaumschmuck und hatten viel Spaß dabei. Sven zeigte seinen kleinen Schwestern, wie man Körbchen flechten musste. Und dann sprachen sie von Weihnachten und wurden sich einig, dass weiche Pakete ein Gräuel waren, wenn es sich um Weihnachtsgeschenke handelte. Weiche Pakete – das waren Strümpfe und Handschuhe und ähnliche schreckliche Sachen. Nein, harte Pakete mussten es sein. Harte Pakete enthielten Puppen und Zinnsoldaten und andere Sachen, die das Leben lebenswert machten.

Und sie aßen Karamellbonbons, dass ihre Backen aussahen wie die Backen von knubbeligen Kirchenengeln. Ein trauriger Sonntag war es absolut nicht. Der Riegel an der Küchentür war ordentlich vorgeschoben. Aber dann musste Sven mal rausgehen. Und als er wieder hereinkam, vergaß er den Riegel wieder vorzuschieben. Denn Anna und Inga-Stina rauften sich gerade um die Schere und Sven musste sie trennen.

Die Wanduhr im Schlafzimmer schlug sieben zitternde Schläge. Gerade, als sie verklungen waren, klopfte es an der Tür.

»Herein«, rief Sven in der Eile. »Ach nein, bloß nicht . . .«, sagte er dann noch. Aber es war schon zu spät.

Die Tür ging auf und jemand kam herein. Ein Landstreicher war es, der hereinkam, ein richtiger Landstreicher. Das konnte sogar Inga-Stina sehen und sie begann vor Entsetzen zu weinen.

»Was ist mit dir los?«, fragte der Landstreicher. »Hast du Bauchweh?«

Inga-Stina heulte noch lauter. Sven und Anna wurden knallrot im Gesicht. Sven ging dem Landstreicher entgegen und begann zu stottern: »Wir .... wir sind allein zu Hause und ... Herr Landstreicher, Sie müssen wieder gehen ...« Aber sobald es heraus war, begriff er, wie dumm es gewesen war, zu erzählen, dass sie allein im Hause waren. »Aber Papa und Mama kommen gleich«, fügte er deshalb schnell hinzu. »Sie kommen sehr bald!«

»Sie können jede Minute da sein«, sagte Anna und fühlte sich ein bisschen getröstet, als sie es gesagt hatte.

Inga-Stina heulte weiter.

»Schneidet ihr Körbchen für den Tannenbaum?«, fragte der Landstreicher und kam an den Küchentisch. »Ihr wisst nicht, was ich machen kann«, redete er weiter und nahm die Schere und ein Stück Glanzpapier. Er faltete das Papier viele Male zusammen und dann schnitt er hinein. Dann faltete er es auseinander – und oh, was für ein wunderbares Sternenmuster war es da geworden! Es war die reinste Zauberei!

»Nein, wirklich ...«, sagten die Kinder und sperrten die Augen auf.

Dann machte der Landstreicher auch noch ein Körbchen für den Tannenbaum. Das war so winzig klein, dass es unmöglich zu begreifen war, wie seine großen Hände ein so kleines Körbchen überhaupt flechten konnten.

»So ein kleines Körbchen«, sagte Anna.

»Da passt nur *eine* Rosine rein, wenn es am Tannenbaum hängt«, sagte der Landstreicher stolz.

»Was Sie alles können, Herr Landstreicher«, sagte

Sven. »Herr Landstreicher«, sagte er, weil er glaubte, es sei am klügsten, sehr höflich zu sein.

»Ich kann noch viel mehr«, sagte der Landstreicher, »ich kann zaubern!«

»Nein, also . . .«, sagten die Kinder.

»Guckt mal«, sagte der Landstreicher und dann holte er einen Karamellbonbon aus Inga-Stinas Ohr.

»Habe ich in meinem anderen Ohr nicht auch noch einen Karamellbonbon?«, fragte Inga-Stina und hörte auf zu weinen.

Und da holte der Landstreicher aus Inga-Stinas anderem Ohr auch einen Bonbon hervor.

»Nein, also . . .«, sagten die Kinder.

»Jetzt muss ich mit meinem Bruder sprechen«, sagte der Landstreicher. »Der wohnt in Amerika!«

»Wie können Sie denn dann mit ihm sprechen, Herr Landstreicher?«, fragte Anna.

»Durch meine geheime Erfindung«, antwortete der Landstreicher.

»Was ist das für eine geheime Erfindung?«, fragte Sven.

»Die sitzt im Bauch«, sagte der Landstreicher. »Ich hab einen Apparat im Bauch und mit dem kann ich hören, was mein Bruder sagt.«

»Nein, also . . .«, sagten die Kinder.

»Hallo, Charlie«, schrie der Landstreicher. »Charlie, das ist mein Bruder«, erklärte er den Kindern. »Kalle hieß er, als er noch zu Hause in old Sweden wohnte. Hallo, Charlie!«, schrie er noch einmal.

Und tatsächlich, da hörten Sven und Anna und Inga-Stina eine Stimme aus dem Bauch des Landstreichers, die sagte: »Hallo, Nisse, wie geht's dir?«

»Na ja, es geht so«, sagte der Landstreicher. »Und dir selbst, Charlie?«

»Ich grabe nach Gold«, antwortete die Stimme aus dem Bauch. »Heute hab ich dreißig Pfund ausgegraben.«

»Finos puros«, sagte der Landstreicher. Was das nun bedeuten mochte.

»Morgen schick ich dir hundert Taler in einem Briefumschlag«, sagte die Bauchstimme.

»Finos puros«, sagte der Landstreicher wieder. »Dann kaufe ich mir einen rot gestreiften Anzug – einen mit kleinen Schleifen dran. Hallo, Charlie!« Aber Charlie sagte nichts mehr.

»Hundert Taler krieg ich morgen«, sagte der Landstreicher zufrieden und guckte die Kinder lächelnd an.

»Ist das möglich?«, sagten Sven und Anna und Inga-Stina. Eine Weile war es still.

»Können Sie noch mehr, Herr Landstreicher?«, fragte Sven höflich.

»Ich kann so tun, als sei ich ein Betrunkener, der von der Polizei festgenommen wird«, sagte der Landstreicher und legte los.

Inga-Stina nahm einen neuen Karamellbonbon und stopfte ihn in ihren Kirchenengelmund. Aber da war der Landstreicher gerade so über alle Maßen lustig, wie er durch die Küche torkelte.

Inga-Stina musste lachen. Und da blieb ihr der Karamellbonbon im Halse stecken.

»Iiiiiih«, sagte Inga-Stina und wurde blau im Gesicht. Sie fuchtelte verzweifelt mit den Armen in der Luft herum.

»Ausspucken!«, schrien Sven und Anna. Aber Inga-Stina konnte nicht spucken. Der Bonbon saß, wo er saß.

Da kam der Landstreicher. Mit einem Satz war er bei Inga-Stina. Jetzt war er kein schaukelnder Trunkenbold mehr. Er steckte zwei Finger in Inga-Stinas Hals und holte den Bonbon heraus.

Inga-Stina schrie auf und spuckte noch ein ganz kleines bisschen auf die Wachstuchdecke. Dann lächelte sie und sagte: »Können Sie noch mehr, Herr Landstreicher? Spielen Sie noch ein bisschen betrunken. Das war so lustig.«

»Ich kann Lieder singen«, antwortete der Landstreicher. Und dann sang er ein sehr trauriges Lied von einem schönen Mädchen, das von einem Löwen zerrissen wurde.

»Wir können auch Lieder singen«, rief Anna. Und dann sangen die Kinder dem Landstreicher ein Lied vor.

> Und Jona raufte sich den Bart,
> ging nicht nach Ninive,
> obwohl es ihm befohlen ward.
> Er aber stach in See.

> Du mach es nicht wie der Prophet,
> denn siehe, wie es ihm ergeht:
> Ein Sturm brach los, zerschellt das Schiff
> erbarmungslos am Felsenriff.

Der Landstreicher sagte, er wolle es nicht so machen wie der Prophet Jona.

»Können Sie noch mehr, Herr Landstreicher?«, fragte Inga-Stina.

»Ich kann arabisch sprechen«, sagte der Landstreicher.

»Ist das möglich?«, sagten die Kinder.

»Petschingera, petschingera bibbilibysch«, sagte der Landstreicher.

»Was heißt das?«, fragte Sven.

»Das heißt: Ich habe Hunger«, sagte der Landstreicher.

»Ich auch«, sagte Inga-Stina.

Da fiel Anna ein, dass sie noch kein Abendbrot gegessen hatten. Sie ging zur Speisekammer und holte Weihnachtswurst und Sülze und kalten Braten
und Rippchen und Anisbrot und Sirupbrot und
Butter und Milch.

Sie räumten das Glanzpapier und die Schere weg
und deckten den Tisch.

»Gott segne die Mahlzeit«, sagte Inga-Stina. Und
dann begannen sie. Der Landstreicher auch. Eine
lange Weile sagte er gar nichts mehr. Er aß nur. Er aß
Wurst und Sülze und kalten Braten und Rippchen

und Butterbrote und trank Milch dazu. Und dann aß er noch mehr Wurst und Sülze und Braten und Rippchen und Butterbrote und trank noch mehr Milch dazu. Es war erstaunlich, was er essen konnte.

Zum Schluss rülpste er und sagte: »Manchmal esse ich mit den Ohren!«

»Nein, also ist das möglich?«, sagten die Kinder.

Er nahm ein Stück Wurst und steckte es in eins seiner großen Ohren.

Die Kinder saßen voller Erwartung da. Sie wollten sehen, ob er auch mit dem Ohr kauen konnte. Das tat er nun nicht. Aber plötzlich war die Wurst verschwunden.

Ja, es war wirklich ein bemerkenswerter Landstreicher. Aber dann saß er eine ganze Weile da und sagte kein Wort.

»Können Sie noch mehr, Herr Landstreicher?«, fragte Inga-Stina.

»Nein, jetzt kann ich nichts mehr«, antwortete der Landstreicher mit veränderter Stimme. Sie klang plötzlich sehr müde. Er stand auf und ging zur Tür.

»Ich muss jetzt gehen«, sagte er.

»Wohin denn?«, fragte Sven. »Wohin gehen Sie, Herr Landstreicher?«

»Raus!«, sagte der Landstreicher und ging. Aber in der Tür drehte er sich noch einmal um.

»Ich komme wieder«, sagte er. »Ich komme wieder, wenn in einer Woche zwei Donnerstage sind. Und dann bringe ich euch meine zahmen Läuse mit – die können nämlich Polka tanzen.«

»Nein, also ist das möglich?«, sagte Inga-Stina.

»Auf die Läuse freue ich mich«, sagte Sven.

Die Kinder folgten ihm bis zur Verandatreppe. Es war sehr dunkel draußen. Die Zweige der Apfelbäume spreizten sich schwarz und traurig vor dem Himmel. Der Weg dehnte sich wie ein dunkles, unendliches Band und verschwand irgendwo, wo nichts mehr zu sehen war.

»Gute Nacht, Herr Landstreicher«, sagte Sven und machte einen tiefen Diener.

»Gute Nacht, Herr Landstreicher«, sagten Anna und Inga-Stina.

Aber der Landstreicher antwortete nicht. Er ging nur. Er drehte sich nicht mehr um.

Und unten, vom Hügel, hörten die Kinder den Schlitten kommen.

Dann dauerte es nicht mehr lange und Heiligabend war da mit all seinen unermesslichen Freuden. Mit harten Paketen und weichen Paketen und Kerzen in allen Winkeln und Duft nach Tannenzweigen und Äpfeln. Ach, wenn so ein wunderbarer Tag doch ein bisschen öfter im Jahr kommen und dann nicht so schnell zu Ende gehen würde. Aber Weihnachtsabende *gehen* zu Ende! Inga-Stina war über allem auf dem Sofa im Weihnachtszimmer eingeschlafen. Sven und Anna standen am Küchenfenster und guckten hinaus.

An diesem Abend schneite es über ganz Småland. Ein wirbelnder Schnee fiel auf Tomtebacken und Taberg und Skurugata und Åsnen und Helgasjö, ja, auf alle Wälder und Seen und Wiesen und steinigen Äcker in ganz Småland fiel er. Er fiel auch auf all die kleinen, hügeligen Wege und legte sich schwer auf die Zäune, die die Wege begrenzten. Vielleicht fiel er auch auf irgendeinen armen Teufel, der gerade einen Weg entlangwanderte.

Anna hatte den Landstreicher vergessen. Sie hatte gar nicht mehr an ihn gedacht, seit er verschwunden war. Aber jetzt, hier am Küchenfenster, als sie ihre Nase gegen die Fensterscheibe drückte, jetzt fiel er ihr ein. »Sven«, sagte sie, »wo glaubst du, ist der Landstreicher heute Abend?«

Sven dachte einen Augenblick nach, während er an seinem Marzipanschweinchen lutschte.

»Vielleicht ist er unterwegs im Kirchspiel Locknevi«, sagte er.

Aus dem Schwedischen: Karl Kurt Peters

EVA MARDER

Lupinchen und Lachungel

Als die letzten Mieter ausgezogen waren, zog der Lachungel ein. Ging von einer Wohnung in die andere und trug alles zusammen, was der Mensch für seine Bequemlichkeit braucht. Eine alte Matratze, eine zerschlissene Wolldecke, ein Kissen, aus dem ein paar Federchen flogen, ein Aquarium mit einem Sprung, einen Sessel, so gut wie neu. Schleppte den ganzen Kram in die Mansarde und richtete sich ein. Wenn der Winter kam, kroch er gern irgendwo unter. Es war ein nasser, trüber November gewesen – Grau in Grau. Und mit dem Dezember war auch nichts los. Ein Tag so nass und grau wie der andere. Da kam ihm die Mansarde gerade recht.

»Die Leute stinken direkt vor Geld«, brummte der Lachungel und ließ die Augen über all den Reichtum wandern. »Lassen die halbe Einrichtung da. Nur die Wärme nehmen sie mit und das Licht – und jedes bisschen Essen.«

Er ließ sich auf die Matratze fallen und zog die Decke übers Gesicht. Was soll's, dachte er. Werd ich
eben träumen. Von nahrhaften Dingen werd ich
träumen und von warmen, hellen. Träume kosten
nichts. Und er drehte dem Zimmer den Rücken zu.
Doch kaum hatte er den Zipfel eines Traums ge-
packt, da zog ihm einer die Decke weg und griff
nach der Wurst.

»Lass sie los, du Dieb, du Räuber!«, schrie der Lachungel und klammerte sich an den Traum. »Wirst
du wohl loslassen!« Doch der diebische Räuber
pfiff auf sein Geschrei. Er zerrte immer fester, bis
dem Lachungel die Wurst durch die Finger rutschte. »So eine Niedertracht!«, schrie er. »So eine
Hinterlist. So eine hundsgemeine Gemeinheit!«
Dann blinzelte er und sah sich um. Doch da war
kein Dieb und kein Räuber. Schräge Wände starrten ihn an.

»Ein Traum«, brummte der Lachungel. »Ein völlig
verrückter Traum. Erst schenkt er mir eine Wurst,
dann nimmt er sie weg. Und die Decke hat er mir
auch geklaut.«

Jemand lachte hell und fröhlich.

»Jetzt lacht er noch, der freche Traum«, rief der Lachungel und setzte sich auf.

»Kein Traum«, sagte eine Stimme am Fußende der

Matratze. »Das bin doch ich. Ich wollte dich eben zudecken, weil du die Decke weggestrampelt hast.«

Und da stand ein Kind. Ein Mädchen. Stand einfach da und sah ihn an. »Wer bist du?«, fragte das Kind.

»Man bloß der Lachungel.«

»Du darfst hier nicht bleiben«, sagte das Kind. »Alle Leute sind weg. Und morgen wird das Haus abgerissen.«

»Von Häusern hast du keinen Schimmer«, sagte der Lachungel. »So ein Kasten steht Wochen und Monate leer, bis sich einer die Mühe macht und ihn abreißt. Ehe es so weit ist, hab ich längst ein neues Quartier. Das muss sogar jemand wie du kapieren. Jemand, der keinen Namen hat und Blutwurst klaut.«

»Ich hab deine dumme Wurst nicht gestohlen. Und einen Namen hab ich. Ich heiße Lupinchen und wohne in dem roten Haus an der übernächsten Ecke.«

Der Lachungel kratzte sich am Kopf und Bauch. »Fast gestohlen, Lupinchen«, sagte er. »Du hast mich geweckt, als ich den Wurstzipfel fest in der Hand hielt. Eine geträumte Wurst schmeckt fast so gut wie echte. Schwamm drüber. Wir wollen die Wurst vergessen, obgleich es die allerbeste Blutwurst war.«

»Einverstanden«, sagte Lupinchen und gab ihm die Hand. »Wir vergessen die dumme Wurst. Aber mit Häusern kenn ich mich aus. Erst kommt der Riesenbagger und frisst Löcher hinein. Bei dem Haus nebenan war es auch so.« Sie sah die Leute ausziehen mit Möbeln und Kisten. Sah, wie das Haus zerrissen und kaputtgeschlagen wurde. Aber war das wirklich am nächsten Tag geschehen? Nein, viele Monate waren vergangen. Mandelbäume blühten in den Vorgärten, als die Leute für immer verschwanden. Und als der Bagger kam, lagen bunte Blätter im Park. Vielleicht hatte der Lachungel Recht. Vielleicht konnte er noch ein Weilchen bleiben. Ob er Geld hatte, um sich Essen zu kaufen? Wer wegen einer geträumten Wurst solchen Wirbel machte, der hatte lange keine gegessen.

»Wenn du Hunger hast, hol ich dir was«, sagte Lupinchen.

Das gab dem Lachungel einen Stich. Schön, er schnorrte schon mal in schlechten Zeiten und die Zeiten waren meistens schlecht. Aber er schnorrte nicht bei Kindern. »I wo«, sagte er. »So was wie Hunger kenn ich nicht. Ich träume bloß zum Spaß von Blutwurst. Und wenn du endlich die Klappe hältst, bin ich leichtsinnig und träume glatt von Speck.«

Das fand Lupinchen ziemlich dumm. Sie träumte von Drachen und Luftballons, die hoch in den Himmel flogen. Sie träumte von Katzen und jungen Hunden, die ihr ganz und gar gehörten. Einmal hatte sie einen schlimmen Traum gehabt – von lauter verschlossenen Türen. Von Speck hatte sie noch nie geträumt. Speck tat die Mutter ab und zu in den Kochtopf und da passte er hin.

Schwindelte der Lachungel oder schwindelte er nicht? War es ihm ernst mit seinem Traum? Lupinchen zählte es an den Jackenknöpfen ab. Die Knöpfe sagten Ja. Seinem Gesicht merkte man nichts an. Er hatte Lachfalten und andere Falten und eine Unmenge Haare am Kinn und an den Backen. Sie waren grau und weiß gemischt und die Augen waren blau wie Glockenblumen.

»Ich meine, jetzt hast du mich lange genug besucht«, sagte der Lachungel. Er mochte es nicht, wenn Leute ihn anstarrten. »Ich meine, jetzt kannst du dich verkrümeln. Das Grüne dort drüben ist die Tür.«

»Ich geh ja schon«, sagte Lupinchen. »Aber morgen komm ich wieder.«

»Das hab ich mir fast gedacht«, sagte der Lachungel. »Du bist anhänglich wie Läuse.« Damit zog er die zerschlissene Decke über seinen Kopf und begann zu schnarchen.

»Warum hast du nicht gesagt, dass du müde bist?«, fragte Lupinchen.

Der Lachungel schnarchte weiter.

Da schlich Lupinchen zur Tür und hüpfte die Treppe hinunter.

»Ich hab noch nie einen gefunden, der so laut schläft«, erzählte sie den Stufen. »Nie, nie, nie.«

Lupinchen fand oft etwas, aber die Fundsachen waren immer viel kleiner. Junge Spatzen, die aus dem Nest gefallen waren, verlaufene Katzen und Hunde. Einmal sogar ein echtes Baby im Kinderwagen. Doch stets war jemand aufgetaucht, der ältere Rechte hatte.

Ob es diesmal auch so war? Ob es jemanden gab, dem der Lachungel gehörte? Einen Onkel oder eine Tante oder einen entfernten Verwandten? Die

konnten lange suchen. Keiner wusste, wo der Lachungel steckte. Der war einfach durchgebrannt.

Je mehr Lupinchen sich das überlegte, desto besser gefiel es ihr. Und bald war sie davon überzeugt, dass sie den Lachungel behalten durfte.

»Du siehst wie eine Katze aus, die den Goldfisch gefressen hat«, sagte die Mutter, als Lupinchen heimkam. »Hast du was gefunden?«

»Ja«, sagte Lupinchen. »Einen netten, alten Mann.«

»Wo hast du ihn gelassen?«, fragte die Mutter. »Hast du ihn mitgebracht?«

»Ich hab ihn gelassen, wo er war – in dem ausgeräumten Haus. Den kann man nicht einfach mitnehmen. Er hat es sehr schön direkt unterm Dach mit einem Tisch und einer Matratze. Und jetzt liegt er da und träumt von Speck. Und außerdem heißt er Lachungel.«

»Von wie viel Speck?«, wollte die Mutter wissen. »Reicht ein Viertelpfund?«

»Das weiß ich nicht«, sagte Lupinchen. »Heute träumt er nur davon. Er sagt, es ist leichtsinnig, wenn man so was träumt. Ist Speck sehr teuer?«

»Es geht«, sagte die Mutter. »Morgen kauf ich welchen, dann kannst du ihn füttern.«

Doch am nächsten Morgen tauchte die Nachbarin auf und brachte alles durcheinander. Irgendwo war irgendwem etwas Tolles passiert, und das musste sie haarklein erzählen. Sie redete und redete und fand wie immer kein Ende.

So kam es, dass Lupinchen erst am Nachmittag unterwegs zu dem alten Haus war.

Etwa um dieselbe Zeit warf der Lachungel die Wolldecke runter. »Geträumtes Essen ist ein Hungerleben«, brummelte er und rieb sich die Augen. Da träumte der Mensch von Erbsen mit Speck, von Blutwurst und von Schweinesülze. Aber der Magen blieb leer wie ein alter Schlauch und zwickte ganz erbärmlich. Er setzte sich auf. Er zog die Schuhe an. Doch das nützte nicht die Bohne. Er machte einen Rundgang durchs Haus – für den Fall, dass er was übersehen hatte. Kroch in jeden Winkel, guckte unter jede Zeitung, in jede Schachtel. Umsonst. Nirgends lag etwas Essbares rum. Kein Kanten Brot, kein Suppenwürfel, rein gar nichts.

Auch gut, dachte er, als er wieder auf der Matratze saß. Dann schnorre ich eben. Besser schnorren als verhungern. Viel besser sogar. Kaum hatte er den Gedanken zu Ende gedacht, da ging die Tür auf und da stand Lupinchen und strahlte übers ganze Gesicht. »Kannst du nicht klopfen?«, fragte er. »Hier wohnen Menschen.«

»Hier wohnt nur einer«, sagte Lupinchen. »Der

heißt Lachungel und hat Hunger. Und dem hab ich Brot mitgebracht.«

»Es geht nichts über trockenes Brot, wenn man ein Loch im Magen hat«, sagte der Lachungel.

»So ein Pech«, sagte Lupinchen. »Jetzt muss ich den Speck wieder mitnehmen.«

»Hast du Speck gesagt?«, fragte der Lachungel. »Speck vom Schwein?«

»Ja, und du hast es genau gehört.«

»Man hört so manches«, sagte der Lachungel. »Der Tag ist noch jung und ich hab Schlaf in den Ohren. Er griff sich das Päckchen und riss es auf. Es waren wirklich Speckbrote. Drei Doppeldecker. Und mit dem Speck war keineswegs gespart.

»Lupinchen! Kindchen! Du bist ein Engel!«, rief der Lachungel und biss hinein. Man sah richtig, wie es ihm schmeckte. Der Spatz hatte auch solchen Hunger gehabt und der Kater vom Briefträger und der Hund von der Frau mit den Krampfadern.

»Hast du irgendeinen Onkel oder eine Tante?«, fragte sie ein wenig besorgt.

»Hab ich nicht«, sagte der Lachungel mit vollem Mund. Dann kaute er und schluckte runter. »Warum fragst du?«

»Es ist bloß wegen Weihnachten«, sagte Lupinchen. »Da geht jeder zu Freunden oder Verwandten. Fast jeder.«

Der Lachungel biss in das zweite Brot und kaute an dem Bissen. »Nee, Verwandte hab ich so weit keine«, sagte er. »Wer will schon mit mir verwandt sein?«

»Aber Weihnachten ist es anders . . .«

»Nicht für solche wie mich. Das ist mehr was für die Sesshaften. Ich wohn ja nicht dauernd in dem feinen Quartier. Wenn der erste Frühlingswind bläst, kribbelt es mich an den Schuhsohlen. Dann muss ich los.«

»Das kenne ich«, sagte Lupinchen. »Mich kribbelt es manchmal ganz toll. Dann muss ich gleich auf die Straße laufen und meistens finde ich was.«

»Ja, ja«, sagte der Lachungel und grinste. »Zum Beispiel einen alten Rumtreiber. Aber deshalb bist du doch sesshaft.«

»Und das ist ein Glück«, sagte Lupinchen. »Was soll sonst aus all den Rumtreibern werden?«

»Die müssten glatt verhungern ohne dich«, sagte der Lachungel. »Ob Spatz, ob Katz, ob Hund, ob Lachungel – vor die Hunde müssten sie gehen.«

Lupinchen legte den Kopf schief und sah ihn an. Meinte er das ehrlich oder machte er Spaß? Und weil sie es nicht herausbekam, redete sie weiter.

»Und was soll sonst aus Weihnachten werden, wenn es keine Sesshaften gibt wie mich?«, fragte sie. »Da sind Lichter am Baum und Sterne und Silberfäden. Und man bekommt Geschenke. Ich denke schon lange dran. Woran denkst du?«

Der Lachungel schaute zum Fenster hin und auf die ersten Flocken im Jahr. Sie waren klein und fest und sahen aus, als ob sie liegen bleiben wollten. »An Wärme«, sagte er. »Und an ein bisschen Licht. Es muss ja nicht viel sein. Nur eine Hand voll.« Er schwieg und blickte den Flocken nach, die dichter und dichter fielen. Wenn es die Nacht über schneite, lag das Fensterbrett voll Schnee und es zog nicht mehr durch die Ritzen.

»Es ist kalt bei dir«, sagte Lupinchen und knöpfte die Jacke zu.

»Lausig kalt«, sagte der Lachungel. »Darum denk ich ja an solches Zeug.«

Ein paar Sekunden war es still, dann sagte Lupinchen: »Ich weiß was, du kommst morgen zu uns und bleibst ganz lange da. Bis Weihnachten und Neujahr und noch viel länger.«

»Das ist nichts für Rumtreiber«, widersprach der Lachungel. Doch Lupinchen war nicht zu bremsen. »Du sitzt im Ledersessel, in dem für Besuch, und hast es hell und warm. Die Lichter brennen und du isst Speck und Gänsebraten und Blutwurst. Vielleicht wirst du erst in die Wanne gesteckt, aber das tut nicht weh.«

Der Lachungel starrte sonst wohin, wo es keine Badewanne gab.

»Wenn meine Mutter dich mag«, fuhr Lupinchen fort, »dann geb ich dich nie wieder her.«

Der Lachungel schaute den Flocken nach und dachte dies und das. Ein voller Bauch war gar nicht schlecht, wenn Schnee vom Himmel fiel. Auch ein Baum mit Lichtern und Glitzerzeug war nicht von der Hand zu weisen. Es klang so freundlich, so warm und hell – es war nur ein Haken dabei. Lupinchen wollte ihn behalten wie einen verirrten Hund. Sie würde ihn baden und füttern und zähmen, bis er fest an der Kette lag. Tür und Fenster vermauert. Ich muss hier weg, dachte er. Sonst verschluckt mich das Kind mit Haut und Haaren.

»Woran denkst du?«, fragte Lupinchen.

»An Wind um die Nase und nasse Füße und ein wenig an dich. Ich finde, du hast mich genug besucht. Ich finde, du kannst dich verkrümeln.«

»Meine Mutter erlaubt bestimmt, dass du kommst!«, rief Lupinchen. »Morgen sag ich dir Bescheid.« Und sie lief hinaus.

Der Lachungel saß noch ein Weilchen da und dachte dies und das. An ein Dach überm Kopf, an Landstraßen im Schnee und an viele kalte Nächte.

Schatten krochen über die schrägen Wände, da hatte er alles bedacht. Er strich über die Matratze und den Tisch und schaute sich noch einmal um. »So geht's, wenn einen jemand zu gern mag«, brummelte er. Dann packte er seinen Kram. Tat die zerschlissene Wolldecke obendrauf und schlurrte davon.

An dem roten Eckhaus blieb er stehen, sah das Licht und spürte die Wärme. Er zögerte, hätte beinah auf die Klingel gedrückt, aber eben nur beinah. »Leb wohl, Lupinchen«, sagte er leise und verschwand in der Dämmerung.

SYBIL GRÄFIN SCHÖNFELDT

Der Bäckerengel

Im Sommer hatte er viel freie Zeit. Tagelang schwebte er im Blauen und starrte nach unten. Ihm gefiel die Erde, die er nicht kannte, weil er ein Engel war.

An einem Wintertag passte er nicht auf. Der Sturm fegte ihn von einer Wolke, und ehe er seine goldenen Flügel ausbreiten konnte, waren sie ihm abgerissen. Er stürzte durch Regen und Schneetreiben ab, in ein Tannendickicht, und dort blieb er betäubt liegen.

Als er erwachte, fror er in seinem Engelshemd. Er spürte kalte, harte Steine unter seinen Sohlen, splittriges Eis zerschnitt die zarte Haut, er setzte vorsichtig einen Fuß vor den anderen, musste um sein Gleichgewicht kämpfen, stürzte immer wieder auf die grobe Erde, empfand zum ersten Mal Schmerzen, konnte aber nicht weinen, weil er noch keine Tränen hatte.

Er schob sich aus dem Tannendickicht und sein dünnes Hemd zerriss. Er schaute nach oben, aber die Schneeflocken wirbelten so dicht, dass er keinen Himmel sah. Er hob die Arme. Er stieß sich mit den Füßen ab, reckte sich in die Höhe, aber nichts geschah, kein leichtes, rauschendes Gefühl des Schwebens.

So ging er den Waldweg weiter, zwischen verschneiten Stoppelfeldern hindurch, bis er die Dächer eines Dorfes hinter den Hecken sah.

Er spürte die Wärme zwischen den Mauern und lief schneller über den weichen, glatten Schnee.

Hinter der ersten Scheune bauten Kinder einen Schneemann. Als sie den Engel in seinem zerfetzten Hemd sahen, starrten sie ihn zuerst schweigend an, dann lachten sie und verspotteten ihn. Er verstand aber nicht, was sie schrien. Sie warfen mit Schneebällen nach ihm und er floh. Die Kinder rannten hinter ihm her und schrien noch lauter.

Er lief um die Scheune herum, wieder aus dem Dorf hinaus, doch vor dem letzten Haus strauchelte er und die Kinder holten ihn ein und stießen ihn zu Boden.

Da ging die Tür auf und eine Frau trat heraus, um nachzuschauen, was das für ein Lärm wäre. Als sie den Engel im Schnee sah, scheuchte sie die Kinder davon und hob den Engel auf. Ihr war im Sommer ein Sohn gestorben, der nicht viel größer gewesen war, und sie gab dem Engel seine Kleider, zeigte ihm seine Kammer und sein Bett und kochte ihm eine Suppe.

Ihrem Mann gefiel das fremde Kind auch und so blieb der Engel bei ihnen. Er lernte Wort für Wort ihre Sprache und dann befreundete er sich auch mit den anderen Kindern. Er sagte jedoch nie, woher er gekommen war.

So verging der Winter und der Engel sah den Schnee schmelzen, hörte den Regen auf die Schollen prasseln, ging hinter dem Mann aufs Feld und führte das Pferd beim Säen und beim Eggen. Er half der Frau im Garten umgraben und Zwiebeln setzen, sah die Blumen aus der Erde wachsen, zupfte das Unkraut, und wenn mittags und zur Vesperzeit die Glocke läutete, wenn er sich sonntags zwischen den Mann und die Frau auf die Kirchenbank setzte, erfüllte ihn eine unbestimmte Erwartung. Aber nichts geschah.

Er hörte die Sommergewitter grollen, sprang mit den anderen Kindern über das Johannisfeuer, schüttelte mit ihnen Pflaumen und pflückte im Wald Beeren und Haselnüsse.

Wenn er zu der Stelle im Tannendickicht kam, blieb

er stehen und schaute empor. Er sah blauen Himmel, er sah Regenwolken, er sah einmal eine blasse Mondscheibe, und wenn er ein Mensch gewesen wäre, hätte er vor Sehnsucht geweint.

Dann wurden die Tage kürzer, morgens hing ein Dunst über den Wiesen und der Mann und der Engel pflückten die letzten Birnen und Äpfel. Die dicksten legte die Frau in die Ofenröhre, und wenn sie das heiße, weiche, süße Fleisch gegessen hatten, zog die Frau den Engel auf den Schoß und erzählte mit leiser Stimme: Es war einmal ...

Der Engel lauschte den Geschichten, aber er fragte niemals: Was ist ein Riese? Was ist ein Zwerg? Was ein Löweneckerchen? Er saß gern auf dem Schoß der Frau, schaute gern in die rote Glut und hörte gern die leise, sanfte Stimme.

Als es kälter wurde, als alles Laub von den Bäumen gefallen war, begann er zu backen, wie er es zu dieser Jahreszeit gewohnt war. Die Frau erlaubte es ihm, weil sie ihm die Freude lassen wollte. Sie schaute seinen kleinen Händen zu, die vor Eile und Eifer silbern glänzten und sonderbar leicht mit dem Teig verfuhren. Sie half ihm die ersten Lebkuchen auf ein Blech zu legen, und als sie gebacken waren, kostete sie ohne große Erwartung davon. Doch das Gebäck zerschmolz ihr im Munde und es schmeckte besser als alles, was sie je in ihrem Leben gegessen hatte. So backte er bald voller Vergnügen für die ganze Nachbarschaft und für alle seine Freunde.

In einer Winternacht pochte es an die Tür, und als die Frau öffnete, trat ein weißbärtiger Mann ein.

Er sagte, er habe den Weg verloren, und die Frau hielt ihn für einen Reisenden und bot ihm den Platz am Ofen an.

Der Engel jedoch, der durch den Spalt der Küchentür lugte, erkannte, wer es war: Knecht Ruprecht.

Der Knecht trank heißen Pfefferminztee und biss in ein Stück vom Engelsgebäck. Erstaunt blickte er auf und fragte: »Woher hast du den Kuchen?«

»Mein Junge hat ihn gemacht«, erwiderte die Frau und zog den Engel in die Küche. Er blieb stumm vor dem Knecht stehen und wagte nicht aufzublicken.

Der Knecht beugte sich vor, schaute ihm ins Gesicht und sagte dann: »Du bist der Bäckerengel, den ich suchen soll.«

»Ja«, antwortete der Engel, »nimmst du mich wieder mit?«

Der Knecht nickte, doch da warf sich der Engel der Frau an den Hals und brach in Tränen aus. »Ich war so gern bei dir«, schluchzte er.

Sie verstand nicht, was geschehen war, und der Knecht berichtete, wen sie ein Jahr lang als einen Sohn beherbergt hatte.

Da küsste sie den Engel und sagte: »Freu dich, mein Kind, dass du heimkehren kannst. Ich bleibe ja nicht allein zurück und wir behalten dich lieb und werden unser Lebtag an dich denken.« Er schaute den Mann an, und als er auch nickte, bedankte sich der Engel bei den beiden, ergriff Knecht Ruprechts Hand und trat mit ihm aus dem Hause.

Als sie ein paar Schritte gegangen waren, brach ein Licht wie ein Weg aus der Nacht und sie betraten diese Straße und gingen zurück in den Himmel.

DAVID HENRY WILSON

Superhunds Weihnachtsgeschenk

Menschen sind komische Tiere. Wie komisch, das will ich euch an einem Beispiel erzählen, einem sehr merkwürdigen Fall von menschlichem Benehmen. Der Fall heißt Weihnachten. Es handelt sich um einen einzigen Tag, der nur einmal im Jahr vorkommt, und egal, wie man sich fühlt, jeder hat an diesem Tag glücklich zu sein. Es kann sein, dass der Wind wie ein Rudel Wölfe heult und man vielleicht nicht weiß, wo das nächste Stück Hundekuchen herkommen soll – das macht alles überhaupt nichts. Wenn Weihnachten ist, hat man einfach glücklich zu sein.

Ich lebe schon eine ganze Zeit bei den Browns, aber ich erinnere mich noch gut an mein erstes Weihnachten bei ihnen. Ich war damals noch ein ganz kleiner Hund und so dumm zu glauben, dass die Dinge immer so sind, wie sie aussehen.

Die Familie hatte schon seit Wochen von Weihnachten geredet, und obwohl ich damals noch weniger über Weihnachten wusste als heute, sagte mir mein fabelhaftes Gehirn, dass es etwas sehr Angenehmes sein müsste. Tony und Tina, die beiden Brown-Kinder, waren besonders aufgeregt und redeten andauernd darüber, was sie wohl für Geschenke kriegen würden.

Ein paar Tage vor Weihnachten schleppten Mr und Mrs Brown einen stacheligen grünen Baum ins Wohnzimmer. Zuerst dachte ich, der wäre für mich, denn draußen war es sehr kalt geworden. Als ich aber an den Baum ging und gerade ein Bein heben wollte, erklärten sie mir energisch, dass dieser Baum nicht *dafür* da sei, und schubsten mich aus dem Zimmer. Als Nächstes wurde der Baum geschmückt und dann das Wohnzimmer. Die Kinder halfen Mr und Mrs Brown, Buntpapier und Christbaumkugeln an die Zweige zu hängen, und ich versuchte mitzuhelfen, bis mir so eine Christbaumkugel im Hals stecken blieb. Sie mussten mich wegtragen, damit ich sie wieder rauswürgen konnte. Ihr müsst bedenken, dass ich damals noch sehr klein war, und selbst ein Superhirn kann nicht alles wissen, es muss erst Erfahrungen sammeln. Heute halte ich mich in gebührender Entfernung, wenn irgendwo etwas geschmückt wird. Es sind nicht nur die Christbaumkugeln, denen man aus dem Weg gehen muss, es sind auch Hämmer, die einem auf den Kopf fallen, Füße, die über einen stolpern, oder eine Leiter, gegen die man rennt, wenn Mr Brown gerade oben steht.

Der Weihnachtsbaum wurde also geschmückt. Ich war gerade die Christbaumkugel losgeworden, als Tina eine sehr wichtige Frage stellte.

»Was schenken wir eigentlich Wuffi zu Weihnachten?«, fragte sie.

Bis zu dem Augenblick war mir Weihnachten ziemlich schnuppe, aber jetzt war ich plötzlich hellwach.

»Ach ja«, sagte Mr Brown, »an Wuffi haben wir noch gar nicht gedacht!«

Er hatte wahrscheinlich nicht an Wuffi gedacht. *Ich* denke die ganze Zeit an Wuffi.

»Vielleicht«, sagte Mr Brown, »vielleicht bau ich ihm den Zwinger, den ich schon längst bauen wollte. Obwohl das eine Menge Arbeit ist. Vielleicht lass ich es auch. Ich weiß noch nicht. Was meinst du, Liebling?«

»Ich hab auch noch nicht an Wuffi gedacht«, sagte Mrs Brown. »Aber es wird mir schon noch was einfallen.«

»Siehst du, Wuffi«, sagte Tina und drückte mich fest an sich, »du kriegst auch was zu Weihnachten!«

Und da rannte ich laut bellend und aufgeregt durchs Wohnzimmer, bis ich zufällig gegen einen Teetisch stieß, der unter einer Blumenvase stand, die voll Wasser war, das mich ganz nass machte und den Teppich auch, als die Vase krachend umfiel. Mr Brown war nicht gerade entzückt.

Den ganzen nächsten Tag überlegte ich, was ich wohl zu Weihnachten kriegen würde. Ich hörte bei jeder Unterhaltung zu, passte auf, wenn Mrs Brown ihre Einkaufstasche leerte, schnupperte an jedem Päckchen, das unter den Weihnachtsbaum gelegt wurde – aber nichts hörte sich an, sah aus oder roch wie ein Geschenk für Wuffi. Ich dachte manchmal sogar, womöglich haben sie mich vergessen, aber dann hörte ich, wie Tony Mrs Brown fragte, ob sie etwas für mich gekauft habe. Die Ohren hüpften mir fast vom Kopf.

»Ja«, sagte Mrs Brown.

»Was denn?«, fragte Tony.

Mir wurde abwechselnd heiß und kalt.

»Wirst du schon sehen«, sagte Mrs Brown.

Und das war alles, was sie sagte. Die Spannung war unerträglich. Selbst ein gewöhnlicher Hund hätte sie kaum ausgehalten. Als junger, außerordentlich superintelligenter Hund konnte ich einfach nicht mehr an mich halten: Ich machte einen See auf den Teppich im Flur.

Danach ging ich in die Küche und tat so, als ob ich von nichts wüsste, aber irgendwie muss Mrs Brown doch gedacht haben, dass es *mein* See war, und so kriegte ich den üblichen Klaps auf den Hintern. Woher wusste sie eigentlich so genau, dass es mein See war? Ich hab es immer als ungerecht empfunden, dass man mich automatisch für schuldig hält. Ich finde, es hätten ja auch die Kinder sein können, oder etwa nicht? Oder Mr Brown ...

Jedenfalls kommt jetzt der Hauptteil meiner Geschichte, nämlich das, was sich an diesem Abend und am nächsten Morgen abspielte. Wie ihr euch vorstellen könnt, kriegte ich in dieser Nacht kein Auge zu; ich lag in meinem Korb und überlegte immerzu, was ich wohl geschenkt kriegen würde. Es war klar, dass es etwas anderes sein musste als das, was ich sonst auch kriege – deshalb schieden Knochen, Fleischdosen, Hundekuchen und (so hoffte ich) Gebadetwerden und Anschnauzer von vornherein aus. Andererseits gab es nicht viel, was ich wirklich gern gehabt hätte – außer natürlich leckere Sachen zu fressen. So wurde mir allmählich immer deutlicher, dass mein Weihnachtsgeschenk eigentlich nur etwas Fressbares sein konnte. Die nächste Überlegung war, wo Mrs Brown das Geschenk wohl versteckt haben könnte. Nun, für ein Hirn wie meins war das kein Problem. Wo versteckt man normalerweise Fresssachen? Natürlich in der Küche.

Ich schlich mich in die Küche. Im Mondschein machte ich die Speisekammertür auf und schnüffelte ein bisschen herum, aber es war nichts Besonderes zu erschnüffeln. Ich machte jeden Küchenschrank einzeln auf und ich schaffte sogar ein paar Schubfächer in den Schränken rauszuziehen. Aber da waren nur Töpfe und Tassen und Papiere und Pakete und Besen und Bürsten und Büchsen und Bestecke – lauter blöde, langweilige Sachen, die unmöglich ein Geschenk für einen Superhund oder auch einen gewöhnlichen Hund sein konnten.

Ich hatte schon fast aufgegeben, als ich am Back-ofen vorbeikam. Irgendetwas an diesem Backofen ließ mich stehen bleiben, schnuppern, die Nase in die Luft recken und noch mal schnuppern. In der Küche war ein ganz bestimmter Geruch, der sich von allen anderen Küchengerüchen deutlich unterschied – süßer, saftiger, irgendwie fleischi-ger. Das war genau der Geruch, der in einem Su-perhund das Bedürfnis weckte, die Backofentür aufzumachen. Und wie es der Zufall so wollte, fiel mir wieder ein, dass der Backofen-Türgriff ja vor ein paar Wochen abgebrochen war. Mrs Brown hatte dauernd zu Mr Brown gesagt, er solle den Griff festmachen, und Mr Brown hatte dauernd gesagt, er würde es schon machen, machte es dann aber doch nicht, sondern befestigte einfach ein Stück Bindfaden. Ich hatte nicht die geringsten Schwierigkeiten, die Schnur mit meinen super-scharfen Zähnen durchzubeißen. Flupp! Die Tür ging auf, fast ohne dass ich sie berührt hätte. Der Duft, der mir entgegenströmte! Wie kann ich ihn beschreiben? Es war ein Duft, der durch die Nase direkt ins Maul zieht, die Zähne kitzelt und die Zunge ... In meinem Leben habe ich noch nicht so einen Hunger gespürt.

Und wo kam dieser Duft her? Gebratener Truthahn. Ich konnte es nicht fassen. Ein gebratener Truthahn, groß und braun und so knackig-saftig, wie man ihn sich nur wünschen kann. Was für ein Weihnachtsgeschenk! Ich wäre am liebsten die Treppe raufgerast, rein ins Schlafzimmer und hätte Mrs Brown tausend Küsse gegeben – aber ich tat es nicht. Weil da etwas war, das noch viel dringender war. Kein Hund, kein Lebewesen hätte diesem Geruch widerstehen können. Ich steckte meinen Kopf in den Backofen, packte einen Truthahnschenkel und zerrte den ganzen herrlichen Vogel heraus, runter auf den Küchenfußboden. Das Blech, auf dem er lag, schepperte gewaltig und für eine Sekunde durchfuhr mich die Angst, es könnte jetzt jemand aufwachen. Aber das Haus blieb ruhig.

Ihr könntet jetzt sagen, dass ich lieber bis zum nächsten Tag hätte warten sollen, um mich richtig über mein Geschenk zu freuen, aber ihr dürft nicht vergessen, dass ich noch sehr jung war, und junge Hunde haben nicht so viel Geduld wie alte. Außerdem wollte ich ja auch bloß ein paar Hapse abbeißen – schließlich war es *mein* Geschenk und den Browns würde es egal sein. Mir aber nicht. Ich biss also kräftig zu und ihr könnt mir glauben: Noch nie habe ich so etwas Köstliches gefressen wie diesen Truthahn. Weihnachten, so fand ich jetzt, war doch eine der besten Ideen, auf die die Menschen je gekommen sind.

Ich hatte mich ungefähr halb durch mein knuspriges Geschenk gefressen, als mir ein bisschen schlecht wurde. Das Einzige, was man in einer solchen Situation tun kann, ist, sich hinlegen und schlafen, und das wollte ich. Bevor ich einduselte, dachte ich daran, dass ich der glücklichste Hund der Welt wäre. Vielleicht würden die Browns ein bisschen enttäuscht sein, dass ich mein Geschenk schon *vor* Weihnachten entdeckt hatte.

Aber es lohnte sich jetzt nicht mehr, den Puter in den Ofen zurückzuschleppen – außerdem würden sie vermutlich sowieso lachen und sagen, was für ein schlauer Hund ich doch sei, dass ich mein Weihnachtsgeschenk schon gefunden hatte.

Aber das haben sie dann nicht gesagt und sie haben auch nicht gelacht und ich war alles andere als der glücklichste Hund der Welt.

Es kam alles ganz anders.

Als Mrs Brown am nächsten Morgen in die Küche kam, weckte mich ihr entsetztes Wutgeschrei nicht nur aus tiefstem Schlaf – es verwandelte mich auch sofort in ein bibberndes Häufchen Elend. Nie in meinem Leben habe ich solche Angst gehabt. Auf ihr Schreien hin kamen Mr Brown, Tony und Tina

die Treppe runtergerannt und man konnte ihren Gesichtern ablesen, dass sie nicht etwa enttäuscht darüber waren, dass ich mein Geschenk zu früh gefunden hatte – der Truthahn war nämlich gar nicht mein Geschenk.

Der Truthahn war der Weihnachtsbraten. Woher sollte ich das, bitte schön, wissen? Ich versuchte ihnen zu erklären, was passiert war, aber ich wusste gleich: Sie würden es nie begreifen. Vielleicht Tony und Tina, weil sie beide sagten, es sei nicht meine Schuld, und später sagte Mrs Brown noch, es sei Mr Browns Schuld, weil er den Backofen-Türgriff nicht heil gemacht hatte. Aber daran hatte sie wohl nicht gedacht, als sie mich mit dieser wütenden, entsetzten Stimme aufweckte, und auch nicht, als ich im Schuppen draußen saß und mich langsam von einem schweren Schock und plötzlichem Durchfall erholte.

Trotzdem: Am Nachmittag hatten sie offenbar beschlossen mir zu verzeihen und Tina durfte mich wieder ins Haus holen. Und dann passierte etwas Überraschendes. Mrs Brown hatte nämlich *tatsächlich* ein Weihnachtsgeschenk für mich! Es war ein Gummiknochen. Ich bitte euch – ein Gummiknochen! Kann man sich etwas Widerwärtigeres als einen Gummiknochen vorstellen? Stellt euch vor, ihr sollt an einem Gummiknochen herumkauen, nachdem ihr gerade einen halben Truthahn verspeist habt. Mir wurde schon vom bloßen Geruch schlecht. Aber wie ich schon oft bemerkt habe, die Menschen begreifen so etwas nicht. Genauso wütend, wie sie darüber waren, dass ich mich über das beste Weihnachtsgeschenk der Welt gefreut hatte, genauso würden sie mich dafür lieben – ich hatte das schon im zartesten Alter kapiert –, wenn ich so tat, als ob ich mich über das blödeste Weihnachtsgeschenk der Welt freute. Ich nagte also an diesem Knochen herum, wedelte mit dem Schwanz, japste und rollte mit den Augen.

»Bitte«, sagte Mrs Brown, »er mag ihn!«
Wenn man Weihnachten unbedingt glücklich sein
muss, dann hat man glücklich zu sein.

Aus dem Englischen: Helmut Winter

ELFIE DONNELLY

Weihnachten mit Großvater

Wir brauchen kein Weihnachten!«

Mein Großvater schlug mit der flachen Hand auf den Tisch. Der Kakao in meiner Tasse bildete sofort eine dicke, grausliche Haut – bah!

Meine Großmutter starrte zur Zimmerdecke hinauf, sie saß zurückgelehnt im Sessel, behielt die Hände vor dem Bauch verschränkt und verzog keine Miene.

Meine Mutter schaufelte mit Nachdruck drei Löffel voll Zucker in ihren Tee hinein, rührte und rührte und hörte nicht mehr damit auf.

Ich wollte gern weg. So eine Stimmung konnte ich nicht aushalten. Ich konnte es wirklich nicht. Davon bekam ich Bauchschmerzen und zittrige Knie und den Drang, unruhig hin und her zu rutschen, und das wiederum konnte meine Mutter nicht aushalten. Wie konnte der Großvater sagen, dass wir kein Weihnachten brauchten? Vielleicht brauchte *er* es nicht, *ich* brauchte es ganz bestimmt. Ich brauchte es wegen der Weihnachtslieder und wegen der Küsse, die nur an diesem Tag in der Familie ausdrücklich gestattet und sogar erwünscht waren, und ich brauchte Weihnachten auch wegen der vielen Kekse und der himmlischen Gans, die meine Großmutter mit viel Liebe und mit Wurzelfüllung zubereitete, und ich brauchte Weihnachten, weil eben *alle* Weihnachten brauchten. Alle. Nur der Großvater nicht.

Dass ich Weihnachten auch wegen der Geschenke brauchte, versteht sich von selbst. Aber viel war mit Geschenken bei uns sowieso nicht los. Das hatte was mit dem ständigen Geldmangel zu tun. Wir waren arm.

»Schluss-und-aus, alte Hexe!«, sagte der Großvater noch einmal.

Mit der alten Hexe meinte er meine Großmutter. Sie war nie beleidigt, wenn er sie alte Hexe nannte. Ich glaube sogar, sie war manchmal geschmeichelt, denn sie hielt von Hexen und deren Künsten sehr viel. Die wenigen Bücher, die die Großmutter las, handelten von Hexen, Hexen vom Mittelalter bis zu Hexen der Gegenwart.

Bis Weihnachten waren es nur noch zwei Tage. Längst standen die Weihnachtskekse in den großen silbernen Dosen hoch oben auf dem Schrank. Duftgesichert und nur noch halb verlockend. Vielleicht, weil sie selber den Keksduft nicht entbehren wollte, backte die Großmutter weiter und immer weiter und auch jetzt, zwei Tage vor Weihnachten, war der Küchentisch mit Mehl bestäubt und in der Tischmitte thronte der Teigklumpen, der immer kleiner und kleiner wurde, je häufiger meine Großmutter sich vom Backort entfernte, um dies und jenes zu holen. Roher Teig schmeckte mir besser als die fertigen Kekse.

Der Großvater kam durch die Küchentür. Ich lachte. Er schaute mich strafend an und ich lachte weiter. Er hatte sich eine Wäscheklammer auf die Nase geklemmt und sah böse auf den Teig und auf das dampfende Backblech, das zum Abkühlen auf dem Steinfußboden stand.

»Firlefanz«, sagte der Großvater und schlug mit dem Fuß nach dem Backblech aus.

»Untersteh dich!«, fauchte meine Großmutter. Wenn sie so dastand, die Hände in die Taille gestemmt, den Kopf leicht vorgeschoben und die Augen zu schmalen Schlitzen verengt, dann sah sie zum Fürchten aus.

Mein Großvater wandte sich ab und spielte an der Wäscheklammer herum. Er verzog das Gesicht, bestimmt taten ihm die Druckstellen weh.

Die Großmutter schwang den Nudelwalker und

rollte wütend den Teig in alle Richtungen, während der Großvater am Radio herumwerkelte und es so laut drehte, dass die Tassen im Schrank zu klirren begannen.

»Aber essen nachher, das kannst du«, schrie die Großmutter ihn an.

»Ksch«, zischte der Großvater und kroch fast in den Lautsprecher hinein. Erschrocken fuhr er zurück, als ihm unvermittelt ein Weihnachtslied ins Ohr gegeigt wurde. Er hämmerte verärgert mit dem Zeigefinger auf den Ausschalteknopf. Der aber klemmte schon seit langem.

Was für ein Weihnachten!

»Ich kann auch zur Hilde gehen«, sagte ich vorsichtig und nahm die rechte Hand aus dem Teig. Schön sah sie aus, die Teighand.

Die Großmutter backte nicht nur Sterne, Monde, Hasen und Kometen, sie formte auch unsere Hände und Füße aus Teig und backte sie. Danach malten wir mit Eiweiß die Zehennägel auf.

»Am Heiligen Abend?«, sagte meine Großmutter und schaute mich entsetzt an.

»Ich mein ja nur«, sagte ich. »Wenn wir eh nicht feiern zu Hause, weil der Opa nicht will . . .«

»Hier *wird* gefeiert!«, rief die Großmutter. »Da siehst du's!«

Der Großvater duckte sich ein bisschen und nahm die Wäscheklammer von der Nase. Die Großmutter fuchtelte mit beiden Armen in der Luft herum.

»Unser eigenes Enkelkind will den Heiligen Abend bei fremden Leuten verbringen! Es ist ja nur zu verständlich . . .«, die Großmutter holte tief Luft und hob die Stimme noch mehr, ». . . denn *hier*

gibt es ja keine Weihnachtsstimmung! Und warum, warum, ha?«

Der Großvater holte mit einer Gabel den Schmutz unter seinen Fingernägeln hervor und starrte einen Zeitungsausschnitt an, den er vor ein paar Tagen an die Wand geklebt hatte.

»Darum!«, sagte die Großmutter, machte ein paar Schritte auf den Großvater zu und boxte ihm in den Bauch, dass der Großvater zusammenfuhr und das Gesicht verzog. ». . . weil der Herr Großvater ein Kommunist ist! Ein Atheist! Ein – ein . . .« Der Großmutter wollte nichts mehr einfallen und ich kannte keins der beiden Schimpfwörter, die den Großvater hatten zusammenzucken lassen.

»Was ist ein Kommunist?«, fragte ich.

»Einer, der nicht an Gott glaubt«, sagte die Großmutter.

»So ein Unsinn, was du dem Kind da wieder erzählst!«, rief der Großvater empört.

»Bist vielleicht keiner?«, schrie die Großmutter und der Großvater wollte zu einer langatmigen Erklärung anheben. Aber sie schnitt ihm das Wort ab.

»Kommunist!«, fauchte sie. »Und Atheist auch! Jawohl! Alle können das hören!«

»Was ist ein Atheist?«, fragte ich und war froh das zweite Wort wieder gefunden zu haben.

»Einer, der nicht an Gott glaubt«, sagte die Groß-mutter und stach mit der Keksform auf den Teig ein.

»Aber du hast doch grade gesagt, dass das ein Kommunist ist!«

Irgendetwas stimmte da nicht.

»Du mit deiner Kirche!« Der Großvater stellte sich vor die Großmutter, zog den Kopf ein, legte ihn dabei schief und machte eine Grimasse. Er faltete die Hände und wollte weiterreden, da schnitt die Großmutter ihm das Wort ab.

»Hör auf!«, donnerte sie.

So laut hatte selbst mein Großvater seine Frau noch nie reden hören. Er verstummte schlagartig. Ich suchte nach einer Möglichkeit, auf schnellstem Wege und möglichst unauffällig zu verschwinden. Raus aus der Tür wollte ich, hin zur Hilde. Dort, bei meiner Freundin, war bestimmt schon die ganze Familie versammelt, die Rumänen und die Sieben-bürger. Und bestimmt sangen und tranken sie schon und Hildes Mutter würde schon ganz glän-zende Augen haben trotz der vielen Arbeit. Und der Vater schaufelte bestimmt den dicken Schnee unten vorm Haus weg und grinste mich ver-schmitzt an, wie er das immer tat. Und ich würde zurücklächeln und die Treppe hinauflaufen und ins Kinderzimmer hinein, und dann würde ich mit der Hilde zusammen am Klavier den Flohwalzer vierhändig spielen und wir würden uns ganz einfach freuen. Und oben, auf dem Schrank, da würden die eingewickelten Geschenke liegen, die wir immer vier Wochen vor Weihnachten vom Taschengeld kauften, wenn wir allein auf die Mariahilferstraße fahren durften . . .

Aber ich konnte nicht weg. Die Großmutter wäre sehr böse gewesen. Ich musste die eineinhalb Tage noch durchhalten, den Streit und die schlechte Laune und das traurige Mutter-Gesicht, denn die Mutter war immer nur traurig, sonst gar nichts.

»Wieso darf ein Kommunist nicht Weihnachten feiern?«, fragte ich.

Die Großmutter erklärte mir wieder einmal, dass Weihnachten doch der Geburtstag vom Christkind sei und das Christkind Gottes Sohn, und wenn einer nicht an Gott glaube, dann könne er auch nicht ans Christkind glauben und also auch kein Weihnachten feiern.

»Weihnachten zu feiern verstößt gegen die Moral«, sagte der Großvater. Er kaute an einem Keks, den er heimlich vom Backblech genommen hatte. Ich hatte es gesehen, ganz genau.

»In Afrika verhungern die Kinder«, sagte der Großvater, »wegen eurem Weihnachten mit den vielen Geschenken.«

»Wieso denn das?« Mir blieb ein roher Teigbissen im Hals stecken. Das konnte doch gar nicht stimmen, dass jemand meinetwegen verhungern musste. Ganz sicher nicht! Wo ich doch sogar die Pomberger Susi von meinem Schmalzbrot abbeißen lasse, dachte ich, wenn sie hungrig ist.

»Die Güter der Welt sind nicht gerecht verteilt«, sagte der Großvater. »Wir haben viel, die anderen haben nix.«

Die Großmutter unterbrach ihn schon wieder. »Verschon uns, verschon uns!«, sagte sie ungehalten. »Sei dankbar, dass es *uns* gut geht. Wir haben schon zwei Kriege mitgemacht und jetzt ist grad alles ruhig und du betest schon wieder einen Umsturz herbei mit deinen Umverteilungsideen ...«

»Soll die Menschheit also verhungern oder was?«, rief mein Großvater aufgebracht.

Ich versuchte nicht mehr hinzuhören. Die Stimmen wurden lauter und lauter und dann, endlich, ging der Großvater hinaus und warf die Tür hinter sich zu. Erschöpft schaute die Großmutter auf die ausgestochenen Kekse auf dem Küchentisch und dann lauschte sie. Neues Leben kam in sie, sie stürzte zur Tür und lief dem Großvater hinterher.

»Karl, du wirst doch nicht!«, rief sie angstvoll.

Gespannt war ich ihr nachgelaufen.

»Natürlich!«, rief der Großvater und bebte vor Wut.

»Ich steh zu meiner Überzeugung und du zu deiner!«

Er hatte aus dem Bücherschrank im Esszimmer ein rotes Tuch herausgeholt. Er rollte es aus. Es war eine große rote Fahne.

»Karl, nein!« Die Großmutter zerrte am Großvater-Ärmel.

Unerbittlich öffnete der Großvater das Fenster und ließ die Fahne im Wind wehen. Der Schnee stob herein und legte sich auf den Teppich, dann zerging der Schnee. Der Großvater holte Luft und fing zu singen an: »Avanti popolo, bandiera rossa, bandiera rossa, bandiera rossa! Avanti popolo, bandiera rossa . . .«

Meine Großmutter war im Sessel zusammengesunken und hatte die Hände vors Gesicht geschlagen.

»Nein, nein«, wimmerte sie leise, »warum er mir das nur antut! Diese Blamage!«

Ich verstand gar nichts! Ich fand es herrlich. Der Großvater sang so schön, wie ich ihn noch nie hatte singen hören, so laut und kraftvoll und inbrünstig, und seine Augen leuchteten dabei und seine Nasenspitze wurde immer röter, weil mit dem

Schnee auch die Kälte ins Zimmer kam. Ich lehnte mich neben dem Großvater aus dem Fenster und versuchte mitzusingen. Ich las ihm den fremdländischen Text von den Lippen und sang dann auch: »Avanti popolo – Vorwärts, Volk! Die rote Fahne weht!«

Ein paar Leute unten auf der Straße deuteten herauf, einige lachten und winkten, andere tippten sich viel sagend an die Stirn.

Die Großmutter weinte.

»Aber Giserl!«, sagte der Großvater plötzlich ganz weich, zog fast schamhaft die rote Fahne ein und kniete sich vor die Großmutter. »So hab ich das doch nicht gemeint!« Die Großmutter schluchzte auf und sah den Großvater sehr trotzig an. Ich ging hinaus. Ich ging zur Hilde, zum Flohwalzerspielen und zum Weihnachtsstimmungtanken und um mich über meine verrückten Großeltern auszujammern.

Am 24. Dezember schien Waffenstillstand zu herrschen. Keiner sprach über Weihnachten, und nur der Umstand, dass ich ein ungefähr zwei Meter hohes, nach oben spitz zulaufendes, verschnürtes Paket an der Gartentür hatte lehnen sehen, stimmte mich zuversichtlich – irgendwie würden wir den Heiligen Abend schon feiern.

Noch um fünf Uhr verkündete der Großvater, er werde diesen Abend selbstverständlich einsam in seinem Zimmer verbringen, um die deutschsprachigen Sendungen von Radio Moskau zu hören. Wenn wir, die Restfamilie, das Fest der Kapitalisten unbedingt feiern mussten, bitte schön. Aber ohne ihn.

Der Baum war wunderschön geschmückt, meine Mutter hatte wieder alle ihre Kräfte dafür aufgeboten, und unterm Baum lag ein Päckchen, das sehr nach »Elektro-Kontakt« aussah, so wie's auf meinem Wunschzettel gestanden hatte. Meine Mutter bekam von mir die jährlich in der Farbe wechselnden gehäkelten Topflappen, die Großmutter beschenkte ich mit einem Bild, das sie in ihrer Küche unter einem Keksberg zeigte, und der Großvater, der ... der war ja in seinem Zimmer. Und die in Geschenkpapier eingewickelte Zeichnung stand immer noch unterm Weihnachtsbaum.

»Das Christkind ist weg, du kannst herauskommen!«, schrie ich durchs Schlüsselloch in sein Zimmer. Der Großvater öffnete, er sah etwas müde aus.

»Kalt ist es heute«, sagte er und tat, als wäre gar nichts.

Er rieb die Hände aneinander, versuchte den Weihnachtsbaum mit den brennenden Kerzen zu übersehen und fragte: »Was gibt's denn zu essen heute?«

»Opa, das ist für dich!«, sagte ich und deutete auf die Rolle. Er kam mir ein bisschen verlegen vor, als er sie unterm Baum hervorangelte. Er gab sich sehr große Mühe, die Zweige nicht zu berühren.

»Für mich?«, fragte er und wickelte aus. Er entrollte das Bild und hielt es mit ausgestreckten Armen von sich weg.

»Schön!«, sagte er überzeugt. »Und sehr gut getroffen!«

Ich hatte versucht ihn und mich zu zeichnen, wie wir die rote Fahne aus dem Fenster halten. Aus unseren Mündern kommen viele Noten. Als Bildüberschrift hatte ich gewählt: »Opa ist ein Gomunist!«

Meine Mutter lächelte den Großvater unsicher an. Die Großmutter verbiss sich das Lachen nur mit Mühe, dann sah sie den Großvater herausfordernd an und sagte: »Und jetzt singen wir ›Stille Nacht, Heilige Nacht‹.«

»Nein, nein, nein!« Der Großvater hob abwehrend die Hände, aber ich stellte mich neben ihn, die Mutter setzte sich ans Klavier, die Großmutter hatte leuchtende Augen und dann fingen wir an zu singen. Ich glaube, wir sangen alle ganz schön falsch. Der Großvater hatte die Augen geschlossen und die Lippen aufeinander gepresst. Ich nahm ihn an der Hand und da machte er die Augen wieder auf. Bei der zweiten Strophe begann sein Mund sich leicht zu bewegen und die dritte Strophe sang er schließlich lauthals mit.

»Na, Karl? Du Atheist!«, rief die Großmutter und lachte den Großvater an, auf dessen Wange eine Träne glänzte.

Verärgert wischte er sie weg, schubste meine Mutter beinah vom Klavierhocker, erhob sich noch einmal, riss die Fenster auf, kehrte ans Klavier zurück, setzte sich hin und haute derart in die Tasten, dass das alte Klavier fast wimmerte.

»Avanti popolo, bandiera rossa, bandiera rossa!«, sang er und ich sang mit und die Großmutter wusste nicht, ob sie lachen oder weinen sollte. Sie ging hinaus in die Küche, denn es roch schon sehr nach Gans mit Wurzelfüllung . . .

IRMELA BRENDER

Es begab sich aber zu der Zeit . . .

Die Weihnachtsgeschichte steht im Neuen Testament,
im Evangelium des Lukas. Doch Lukas, ein Arzt aus Sy-
rien, der seinen Bericht ums Jahr 80 schrieb, hat sie nicht
miterlebt. Er stützte sich auf die Erzählungen anderer,
»die es von Anfang selbst gesehen und Diener des Worts
gewesen sind« (Lukas 1, 2). Unter denen, die es selbst ge-
sehen, könnten auch drei gewesen sein, von denen man
nichts mehr weiß: die Magd, der Hirtenjunge und der
Wirt der Herberge. Und so könnten deren Geschichten
gewesen sein:

Mägde hat man nicht gefragt

Als der geboren wurde, den sie später Jesus von
Nazareth nannten, war ich dabei. Und das war gut
so, denn er war Marias erstes Kind und allein hätte
sie sich kaum zu helfen gewusst in der Fremde.
Später, als die Geschichte wichtig geworden war

und alle kamen und wissen wollten, wie es geschehen sei, da musste ich lachen über das, was sie sich merkten. »Und sie gebar ihren ersten Sohn und wickelte ihn in Windeln« – das haben sie sich gemerkt. Aber woher die Windeln kamen, das hat keiner gefragt. Haben sie denn gedacht, Maria hätte die Windeln geschleppt von Nazareth in Galiläa bis nach Bethlehem in Judäa, den ganzen weiten Weg? Sie hatte keine Windeln, und das ist die Wahrheit. Ich habe ihr welche besorgt. Wenn man es genau nimmt, habe ich sie sogar gestohlen – von meiner Herrin. Aber das habe ich gern getan für Maria, die meine Freundin geworden ist.

Wir waren gleich alt, und das heißt: jung. Trotzdem habe ich mich zuerst von ihr fern gehalten, denn sie war mit dem Zimmermann gekommen, den ich für ihren Mann hielt, und ich war nur die Magd.

Aber als ich ihr dann Decken und Wasser in den Stall brachte, wo die beiden schlafen mussten, weil es einfach keinen Platz im Haus mehr gab, und als ich dann sah, wie bedrückt sie war, da fing ich an mit ihr zu reden. Und wir redeten immer dann, wenn Joseph ging und sich um seine Angelegenheiten kümmerte. Er musste sich in die Steuerliste eintragen und hatte Verwandte zu treffen und vieles andere mehr.

Sie waren gar nicht verheiratet, Maria hat es mir erzählt. Und das Kind war auch nicht von ihm. Als er merkte, dass sie schwanger war, hatte er sich von ihr trennen wollen. Er hätte sie öffentlich verklagen können, aber das wollte er nicht. Er wollte einfach so gehen – leise und ohne Streit. Doch irgendwie muss er es sich dann anders überlegt haben, jedenfalls nahm er sie mit nach Bethlehem zur Registrierung. Aber verheiratet waren sie nicht und sie gingen miteinander um wie Bruder und Schwester.

Von wem das Kind war, hat Maria mir nie erzählt. Sie sprach nur einmal von einem Engel und einem Traum, ich fand das übertrieben, aber vielleicht habe ich es auch einfach nicht verstanden. Ich war schließlich nur die Magd und sie kannte klügere Leute, eine Freundin von ihr, eine gewisse Elisabeth, war zum Beispiel die Frau eines Priesters.

Nun, ich habe sie nicht mit Neugier bedrängt. Wenn ein Mädchen ein Kind bekommt und der Vater ist nicht da, dann ist es schlimm genug, auch wenn es vorher einen Traum mit einem Engel gegeben hat.

Meistens war ich es, die redete, ich erzählte ihr, wie es zuging in Bethlehem mit den vielen Fremden und dem Trubel durch die Eintragungen in die Steuerlisten. Sie schwieg meist und dachte nach und seufzte wohl auch mal. Aber beklagt hat sie sich nie. Sie hat sich in ihr Schicksal gefügt, nur noch eine Mutter zu sein. *Nur*, sage ich und ich will mich gewiss nicht über sie erheben, aber es war doch meine Meinung. Sie war ja noch Tochter. Und sie war ja noch Frau. Und Mensch überhaupt. Aber sie wollte nur noch Mutter sein. Ob der Zimmermann sie heiratete oder nicht, war ihr gleichgültig. Das Kind sollte es gut haben. Aus ihm, sagte sie, würde etwas Großes werden.

Das sagen, heute weiß ich es, alle Mütter. Je schwerer sie es haben, umso größer sind ihre Wünsche für das Kind. Man merkt es auch an den Namen, die sie ihren Kindern geben. Maria wollte ihren Sohn Jesus nennen, das heißt: das Heil, die Hilfe, der Sieg. Ein mächtiger Name ist das für ein uneheliches Kind!

Als es dann geboren wurde, war ich wie gesagt dabei. Ich habe Maria beigestanden. Und ich habe die Windeln aus der Truhe meiner Herrin genommen, die Herrin hat es gar nicht gemerkt, aber Diebstahl war es doch. Lange habe ich gefürchtet, er wird entdeckt und sie werfen mich hinaus. Ich hatte große Angst, denn Diebstahl ist eine Sünde, auch wenn nichts herauskommt.

Ich habe Maria zuliebe gestohlen. Sie hat mir Leid getan, aber bewundert habe ich sie auch. Und ich dachte, wenn sie so viel Mut hat für ihr Kind, dann kann ich wenigstens die Windeln für sie stehlen.

Viel später dann, als sie kamen und fragten, wie es zugegangen sei bei der Geburt von Jesus, da hätte ich ihnen gern von Maria erzählt: wie einsam sie war und wie hilflos, wie demütig und wie hoffnungsvoll nur für ihr Kind. Aber Mägde hat man nicht gefragt.

Wie einer ein Wunder verschlief

Auch mich haben sie vergessen. »Und es waren Hirten in derselbigen Gegend auf dem Felde bei den Hürden, die hüteten des Nachts ihre Herde«, wird berichtet. Es war auch ein Hirtenjunge dabei, der hütete nicht, der schlief. Und der war ich. Oft habe ich damals die Nachtwache verschlafen, aber die anderen waren mir nicht böse deshalb. Sie waren Männer und ich war noch ein Kind und sie verstanden wohl, dass ich mehr Schlaf brauchte als sie. Außerdem hörten sie mir gern zu, wenn ich ihnen nach dem Aufwachen erzählte, was ich geträumt hatte.

Auch in jener Nacht hatte ich einen Traum, aber von dem wollte hinterher keiner mehr hören. Er wiederholte auch nur, was ich am Tag erlebt hatte, und trieb die Angst vom Tag weiter in die Nacht. Die Angst kam daher, dass ich vielleicht ein Schaf verloren hatte. In meiner Herde waren mehr Schafe als Finger an meinen Händen. Ein Schaf war braun und es waren mehr schwarze als weiße. An diesem Tag kam es mir so vor, als wären es so viele schwarze wie weiße. Wenn sie hintereinander gingen, am Anfang ein schwarzes, dann ein weißes und immer so fort, dann musste am Ende wieder ein schwarzes kommen oder zwei schwarze hintereinander. Aber sie gingen so nicht hintereinander, sie liefen vor und wieder zurück und waren in keine Reihe zu kriegen. Von mir wenigstens nicht. Ich war noch nicht lange Hütejunge. Und mir kam es so vor, als wären es jetzt so viele schwarze wie weiße.

Das machte mir Angst. Und die falsche Angst noch dazu. Ein guter Hütejunge hat Angst um das Schaf. Ich hatte nur Angst um mich.

Das Schaf konnte schließlich überall etwas zu fressen finden. Ich nicht. Meine Schafe waren jung und kaum jemand schlachtet ein so junges Schaf – es hat nicht viel Fleisch. Es waren natürlich nicht meine Schafe. Ich hütete sie nur. Ich hatte nichts, was mir gehörte, wenn ich von »mein« sprach, dann konnte es höchstens meine Nase sein, mein Arm, mein Fuß, mein Kopf. Hemd und Hose waren von meinem äl-

teren Bruder, sie waren so lange mein Hemd und meine Hose, bis sie meinem jüngeren Bruder passten. *Meine* Brüder? Man sagt so, aber natürlich gehörten auch sie mir nicht.

Was würden die Hirten tun, wenn ich wirklich ein Schaf verloren hatte und sie es merkten? Mich zurückschicken zu den Eltern? Dort war kein Platz für mich und dort gab es für mich kein Essen. Wenn ich käme, würden sie rücken und schweigen. Ein bisschen Platz würde es für mich geben. Aber nach einiger Zeit würden sie wieder rücken und immer noch schweigen und es wäre zu eng für mich. Davor hatte ich Angst am Tag.

Im Traum wurde die Angst noch schlimmer. Ich

bin ein dummer Hirtenjunge und weiß nichts –
noch nicht einmal die Schafe zählen kann ich. Aber
wer nichts weiß, hat Angst vor allem, weil das
Schlimme für ihn ohne Ende ist.

Gerade verfolgte mich im Traum ein Ungeheuer, in
dem sich das verlorene Schaf verbarg, da weckten
sie mich. Sie schrien und zogen mich an den Armen
und sagten, ich hätte ein Wunder versäumt und einen großen Glanz. Ich begriff nichts, aber ich stand
auf, weil sie es wollten, und lief mit ihnen in die
Stadt, nach Bethlehem. Wir gingen in einen Stall.
Dort saßen zwischen den Tieren ein Mann und eine
Frau und in einer Futterkrippe lag ein kleines Kind.
Die Hirten warfen die Arme hoch und lachten, weil
das Kind da war, und der Mann und die Frau freuten sich auch. Warm war es im Stall und wir atme-
ten den freundlichen Geruch der Tiere ein und es
gab Platz für uns alle. Ein paar Hirten liefen davon,
um anderen von dem Kind zu erzählen, die übrigen
blieben und sprachen leise gute Worte. Sie erzählten von dem Wunder bei den Hürden und einer,
dem ich zufällig in den Blick geriet, bedauerte mich
sogar, weil ich das Wunder verschlafen hatte.

Aber hier im Stall war auch ein Wunder: Wie sonst
konnte es sein, dass fremde Männer sich so freuten
über ein kleines Kind? Dass sie so sanft sprachen

und darauf achteten, dass sie mit Händen und Füßen keinem in die Quere kamen?

Ich verstand es nicht, aber ich verstand, dass wenigstens in dieser Nacht auch ich keine Angst mehr zu haben brauchte wegen des verlorenen Schafes. Und ich habe wohl viel versäumt damals und manches nicht begriffen, aber seither weiß ich, dass es Stunden gibt, in denen sind die Menschen gut.

Immer wird ein Bösewicht gebraucht

In meinem Haus ist Jesus von Nazareth geboren. Richtig, es war im Stall, aber der Stall gehört zu meinem Haus. Vom Haus ist nirgendwo geschrieben, von mir auch nicht.

Das Gegenteil von Wahrheit ist nicht nur Lüge. Oft ist es Verschweigen. »Denn sie hatten sonst keinen Raum in der Herberge«, das haben sie gesagt und weitergesagt und aufgeschrieben, damit es nicht vergessen wird. Alles andere, was mich und meine Herberge betrifft, haben sie verschwiegen und so bin ich zum Bösewicht geworden in den Geschichten, die man sich weitererzählt, zum Unbarmherzigen, zum Reichen sogar – ach, wäre ich wenigstens das. Vielleicht ließe es sich dann leichter ertragen, ohne Freunde zu sein.

Damals hatte ich noch Freunde und täglich fand ich mindestens einen neuen unter meinen Gästen. Es waren viele Gäste in der Herberge, weil alle, deren Väter aus Bethlehem stammten, gekommen waren, um sich in die neuen Steuerlisten einzutragen. Bis dahin hatte es keine Steuer bei uns gegeben und viele, die nun zurückkehrten, schimpften über den Kaiser Augustus und sein Gesetz. Aber natürlich schimpften sie nicht den ganzen Tag. Sie erzählten auch, wie es ihnen ergangen war, sie feierten Wiedersehen mit Verwandten und mit Freunden aus Kindertagen und ich war dann gern dabei.

Ich nahm auf, wen ich konnte. Nicht nur die mit Geld, die ihre Unterkunft bezahlen konnten. Auch die Armen fanden in meiner Karawanserei ein Lager, auch die Ärmsten, denen ich noch dazu das Essen schenken musste, wollte ich sie nicht darben sehen. Aber ich will mich nicht rühmen. Ich tat nur das, was bei uns Sitte und Gastfreundschaft verlangen.

Als das Paar dann kam, der Zimmermann und die schwangere Frau, hatte ich wirklich kein Plätzchen mehr frei. Ich wollte sie schon weiterschicken – sie waren bereits bei anderen gewesen, die sie zu mir geschickt hatten –, da fiel mir der Stall ein. Warm ist es in meinem Stall und sauber wird er auch gehal-

der Mann. Die Frau sagte nichts, sie war sehr müde.
Ich schickte ihnen gleich die Magd mit Wasser und
Decken.

Und als dann das Kind geboren wurde, sagte ich zu
meiner Frau, sie solle die Windeln aus der Truhe
holen. Da hatte die Magd sie schon genommen. Es
war richtig so, auch wenn wir das Geschenk gern
selbst gemacht hätten. Wir haben zur Magd kein
Wort deshalb gesagt.

Vierzig Tage blieben sie bei uns, denn erst dann galt
Maria wieder als rein. Und danach gingen sie mit
dem Knaben nach Jerusalem, um ihn, wie es beim
ersten Sohn einer Mutter üblich ist, im Tempel zu

zeigen. Vierzig Tage. Und wo mögen sie so lange gewesen sein? Nirgends steht es berichtet, sodass jeder annimmt: Im Stall natürlich hat Maria gelegen, vierzig Tage lang, das Kind in der Futterkrippe, und nur die Tiere waren dabei.

Aber das ist nicht die Wahrheit. Sobald ein Raum frei wurde, haben wir ihn Maria und dem Zimmermann Joseph und dem Kind gegeben und sie haben uns Dank gesagt dafür. Vierzig Tage lang waren sie unsere Gäste und dann zogen sie davon.

Später aber, als Herodes alle Knaben bis zum Alter von zwei Jahren in Bethlehem töten ließ, weil die Sterndeuter ihm gesagt hatten, unter ihnen sei der künftige König Israels, da waren alle in Bethlehem böse auf mich. Weil du sie aufgenommen hast, sagten die Väter und Mütter, die ihre Kinder verloren hatten, ist Unglück über uns gekommen. Schande über dich. Sei verflucht, weil du in deinem Stall einen König zur Welt kommen ließest.

Dabei war alles vorausgesagt in den alten Büchern, es wäre so gekommen mit mir oder ohne mich, weil alle wollen, dass Prophezeiungen sich erfüllen. Sie wollen einen Sohn Gottes auf der Erde. Sie wollen einen König. Aber sie brauchen immer auch einen Bösewicht. Dem fluchen sie in jedem Fall – weil er einem Gott nur einen Stall zu bieten hatte – oder weil er ihm gerade den Stall bot.

Seither bin ich einsam und habe Zeit zum Nachdenken. Ich denke immer über das eine nach: Warum brauchen sie den Bösewicht, wenn sie doch Gott wollen?

BARBARA ROBINSON

Hilfe, die Herdmanns kommen

Normalerweise machte die erste Probe des Krippenspiels nicht mehr und nicht weniger Spaß als eine dreistündige Fahrt im Schulbus und war mit ebenso viel Lärm und Gedränge verbunden. Diese Probe lief anders.

Alle waren ruhig und setzten sich gleich hin, weil sie Angst hatten, es könnte ihnen sonst vielleicht entgehen, was die Herdmanns Schreckliches anstellen würden.

Sie kamen zehn Minuten zu spät und schlenderten in den Raum wie eine Bande Geächteter, die vorhat einen Saloon leer zu schießen . . .

Mutter sagte: »Hier kommt Familie Herdmann. Wir freuen uns euch alle hier zu sehn.« (Das war sicher die dickste Lüge, die je in einer Kirche laut ausgesprochen wurde.)

Eugenia lächelte – das Herdmänner-Lächeln, wie wir es nannten, dreckig und gemein – und dann saßen sie da, fast Kriminelle in unseren Augen, und die sollten nun das Edelste und Schönste darstellen, das es gab. Kein Wunder, dass alle aufgeregt waren.

Mutter fing an die Kinder in Hirten und Engel und Herbergsgäste einzuteilen und schon gab es die ersten Schwierigkeiten.

»Wer waren denn die Hirten?«, wollte Leopold Herdmann wissen. »Wo kamen die her?«

Olli Herdmann wusste nicht einmal, was Hirten sind.

»Was ist eigentlich eine Herberge?«, fragte Klaus.

»So was Ähnliches wie ein Hotel«, erklärte ihm jemand. »Wo Leute übernachten können.«

»Was für Leute?«, fragte Klaus. »Jesus?«

»Nicht zu fassen!«, murmelte Alice Wendlaken. »Jesus war noch gar nicht geboren. Maria und Josef gingen dort hin.«

»Warum?«, fragte Ralf.

»Wie ging's los?«, schrie Eugenia meiner Mutter zu. »Fangen Sie doch am Anfang an!«

Das jagte mir einen Schrecken ein, denn der Anfang war das Buch Mose, wo es heißt: »Am Anfang schuf Gott . . .«, und wenn wir mit dem Buch Mose beginnen würden, kämen wir nie durch.

Die Sache war eben die, dass die Herdmanns nicht

das Geringste von der Weihnachtsgeschichte wussten. Sie wussten gerade noch, dass Weihnachten der Geburtstag Jesu war, aber alles andere war neu für sie: die Hirten, die Weisen aus dem Morgenland, der Stern, der Stall und die überfüllte Herberge.

Es war schwer zu glauben. Jedenfalls war es das für mich. Alice Wendlaken fiel es nicht schwer. »Wie sollen die etwas von der Weihnachtsgeschichte wissen?«, sagte sie. »Sie wissen nicht mal, was eine Bibel ist. Schau dir an, was Hedwig vorige Woche mit dieser Bibel gemacht hat!«

Während Eugenia das Geld aus dem Kollektenteller geklaut hatte, hatten Hedwig und Olli die Propheten in der illustrierten Kinderbibel mit Bärten und Schwänzen verziert.

»Sie waren noch nie in ihrem Leben in der Kirche, bis dein kleiner Bruder ihnen weisgemacht hat, dass wir dort Süßigkeiten bekommen«, sagte Alice. »Woher sollen die also die Weihnachtsgeschichte kennen?«

Sie hatte Recht. Natürlich könnten sie etwas darüber gelesen haben. Aber sie lasen nie etwas anderes als Comics. Sicher hätten sie auch im Fernsehen etwas darüber erfahren können. Aber Ralf hatte ihren Fernseher für 65 Cent auf einem Flohmarkt gekauft und man konnte nur etwas sehen, wenn einer die Antenne festhielt. Und selbst dann nicht sehr viel . . .

Jedenfalls hatten sie keine Ahnung. Und Mutter sagte, es sei wohl das Beste, zuerst einmal die Weihnachtsgeschichte aus der Bibel vorzulesen . . . Unter anderem waren die Herdmanns dafür berüchtigt, niemals stillzusitzen und niemals irgendjemandem zuzuhören, weder Lehrern noch Eltern (den eigenen oder anderen) noch dem Schulrat oder der Polizei – und jetzt saßen sie da, hingen an den Lippen meiner Mutter und sogen jedes Wort in sich ein.

»Was ist das?«, fragten sie immer, wenn sie einen Ausdruck nicht verstanden. Als Mutter vorlas, dass kein Platz in der Herberge war, fiel Eugenia das Kinn herunter und sie sprang auf.

»Verdammt!«, sagte sie. »Nicht mal für Jesus?«

»Na ja, also . . .«, erklärte Mutter. »Niemand wusste, dass das Baby Jesus sein würde.«

»Sie haben gesagt, Maria wusste es«, sagte Ralf. »Warum hat sie es denen nicht gesagt?«

»Ich hätt's ihnen gesagt«, rief Eugenia dazwischen. »Mann, denen hätt ich's vielleicht gesagt! Was war denn mit Josef los, warum hat der's nicht gesagt? Dass sie schwanger war und das alles.«

»Wie hieß das, wo sie das Baby reingelegt haben?«,

fragte Leopold. »Diese Krippe . . . ist das so 'ne Art Bett? Warum hatten die denn ein Bett im Stall?«

»Das ist es ja gerade«, sagte Mutter. »Sie hatten eben kein Bett im Stall. Also mussten Maria und Josef das nehmen, was sie dort vorfanden. Was würdest du denn tun, wenn du ein kleines Baby hättest und kein Bett, um es hineinzulegen?«

»Wir haben Hedwig in eine Schreibtischschublade gelegt«, erklärte Eugenia.

»Siehst du«, sagte Mutter und zuckte ein bisschen zusammen. »Ihr habt kein Bett für Hedwig gehabt und habt deswegen auch etwas anderes nehmen müssen.«

»Och, wir hatten schon eins«, sagte Ralf. »Aber Olli war noch drin und wollte nicht raus. Er mochte Hedwig nicht.«

»Wie dem auch sei«, sagte Mutter, »Maria und Josef nahmen die Krippe. Eine Krippe ist ein hölzerner Futtertrog für Tiere.«

»Was waren denn die Bindeln?«, wollte Klaus wissen.

»Die was?«, fragte Mutter.

»Sie haben es doch vorgelesen: Sie wickelte ihn in Bindeln.«

»Windeln«, seufzte Mutter. »Früher hat man die

Babys fest in große Tücher eingewickelt, sodass sie nicht herumstrampeln konnten . . .«

»Sie meinen, sie banden es zusammen und steckten es in eine Futterkiste?«, sagte Eugenia. »Wo blieb denn da die Jugendfürsorge?«

Die Jugendfürsorge kümmerte sich immer um die Herdmanns. Ich wette, wenn die von der Jugendfürsorge jemals Hedwig zusammengebunden in einer Büroschublade gefunden hätten, so hätten sie bestimmt etwas dagegen unternommen!

»Und siehe, des Herrn Engel trat zu ihnen«, fuhr Mutter fort, »und die Klarheit des Herrn leuchtete um sie und . . .«

»Batman!«, schrie Hedwig, warf die Arme auseinander und ohrfeigte das Kind neben ihr.

»Wie bitte?«, fragte Mutter. Mutter las nie Comichefte.

»Aus dem Dunkel der Nacht erschien Batman, der Rächer der Entrechteten . . .«

»Ich weiß nicht, wovon du sprichst, Hedwig«, sagte Mutter. »Das ist der Engel des Herrn, der zu den Hirten aufs Feld kommt.«

»Aus dem Nichts?«, fragte Hedwig. »Aus dem geheimnisvollen Dunkel der Nacht, ja?«

»Na ja.« Mutter sah etwas unglücklich aus. »Gewissermaßen.«

Hedwig setzte sich wieder hin und sah sehr zufrieden aus. So als ob das endlich ein Teil der Weihnachtsgeschichte wäre, den sie verstand.

»Da Jesus geboren war zu Bethlehem im jüdischen Land«, las Mutter weiter, »kamen die Weisen vom Morgenlande gen Jerusalem und sprachen . . .«

»Was bedeutet Weisen?«, wollte Olli wissen. »Waren sie so was wie Lehrer?«

»Nein, du Quatschkopf«, sagte Klaus. »Das ist so was Ähnliches wie der Präsident der Vereinigten Staaten.«

Mutter sah ihn überrascht und beinahe beglückt an, so wie sie geschaut hatte, als Charlie endlich das Einmaleins mit fünf auswendig konnte. »Du bist schon ganz nahe dran, Klaus«, sagte sie. »Tatsächlich waren es Könige.«

»Jetzt aber weiter«, meuterte Eugenia. »Wahrscheinlich werden die Könige dem Wirt gründlich die Meinung sagen und das Kind aus dem Trog holen.«

»Sie fanden das Kindlein mit Maria, seiner Mutter, und fielen nieder und beteten es an und taten ihre Schätze auf und schenkten ihm Gold, Weihrauch und Myrre.«

»Was ist das für ein Zeug?«, wollte Leopold wissen.

»Kostbare Öle«, sagte Mutter, »und wohlriechende Harze.«

»Öl!«, schrie Eugenia. »Was für ein schäbiger König bringt denn Öl als Geschenk mit! Da kriegt man ja bei der Feuerwehr bessere Geschenke.«

Manchmal bekamen die Herdmanns Weihnachtsgeschenke auf dem Feuerwehrfest. Gewöhnlich bekam Eugenia Strickzeug und Puzzle-Spiele, die sie überhaupt nicht mochte. Aber ich glaube, sie fand das immer noch besser als Öl.

Dann kamen wir zu König Herodes und die Herdmanns hatten auch von ihm noch nie etwas gehört. Deshalb musste Mutter erklären, dass es Herodes war, der die drei Weisen ausgeschickt hatte, um das Baby Jesus zu suchen.

»Hat der die mickrigen Geschenke mitgeschickt?«, fragte Olli. Mutter sagte, es sei noch viel schlimmer. Herodes habe den Plan gehabt, Jesus umzubringen.

»Verdammt«, sagte Eugenia. »Gerade geboren und schon wollen sie ihn umlegen.«

Die Herdmanns wollten alles über Herodes wissen. Wie er aussah, wie reich er war und ob er irgendwelche Kriege geführt hatte. Sie interessierten sich wirklich stark für Herodes und ich nahm an, dass sie ihn mochten. Er war so gemein, dass er direkt ihr Vorfahre hätte sein können: Herodes Herdmann. Aber ich täuschte mich.

»Wer spielt denn den Herodes in dem Stück?«, fragte Leopold.

»Der Herodes kommt in unserem Krippenspiel nicht vor«, sagte Mutter.

Das machte alle Herdmanns wütend. Sie wollten, dass jemand Herodes wäre, damit sie ihn verprügeln könnten.

Ich konnte die Herdmanns nicht verstehen. Man hätte denken können, die Weihnachtsgeschichte käme direkt aus den Polizeiakten des FBI, so gingen sie mit. Sie wünschten dem Herodes ein blutiges Ende, sorgten sich um Maria, die ihr Baby in einen Futtertrog legen musste, und nannten die Heiligen Drei Könige eine Bande schmutziger Spione.

Und als sie die erste Probe verließen, diskutierten sie darüber, ob Josef die Herberge hätte anzünden oder ob er nur den Gastwirt über die Grenze hätte jagen sollen.

Aus dem Amerikanischen: Nele und Paul Maar

TILDE MICHELS

Als die Großmutter mit dem Nikolaus sprach

Ich erzähle eine wahre Geschichte aus meiner Kinderzeit; vom Nikolaus und von der Großmutter.

Die Großmutter war klein und zart und sie kam mir uralt vor. Das lag nicht an ihren Runzeln oder ihrem Haar mit den weißen Strähnen. Es waren die Kleider, die sie trug: immer dunkel und ganz altmodisch geschnitten. Sie hatte auch stets eine schwarze Schürze umgebunden, sogar sonntags. Die Schürze vom Sonntag war aus Seide und sie knisterte.

Jedes Jahr Anfang Dezember kam die Großmutter angereist. Sie blieb den Winter über bei uns in der Stadt. Wenn Großmutter kam, begann für mich die Weihnachtszeit. An den dämmrigen Winternachmittagen hockten wir zusammen im Wohnzimmer vor dem Kachelofen. Der Kachelofen war groß und grün und gemütlich warm. In den anderen Zimmern standen nur eiserne Öfen, die wurden nicht immer geheizt.

Der Kachelofen hatte ein Türchen, hinter dem sich eine Nische mit einer kleinen Eisenplatte befand. Auf dieser Platte konnten wir Äpfel braten. Während sie schmorten und ihr Duft durchs Zimmer zog, las mir die Großmutter vor. Wir bastelten auch Weihnachtsgeschenke zusammen.

Unser Lieblingsspiel aber war: »Wir reisen nach Bethlehem«. Das spielten wir jedes Jahr. Es ging über viele Tage, vielleicht sogar Wochen, und hat die ganze Wohnung auf den Kopf gestellt.

Wenn wir die Ausrüstung für die Reise zusammensuchten, war nichts vor uns sicher. Wir brauchten Betttücher für unsere Zelte – denn wo sollten wir auf der langen Reise ins Heilige Land sonst schlafen? Wir brauchten Kisten und Kartons, aus denen wir uns ein Schiff bauen wollten – wie sollten wir sonst das Mittelmeer überqueren? Wir brauchten Stühle und Decken, um Lasttiere zu machen, auf denen wir reiten konnten und die unser Gepäck trugen.

In dieser Zeit vermisste mein Vater ständig etwas: seinen Hammer, die Zange, Nägel oder die Rolle mit dem Bindfaden. Einmal behauptete er, jetzt sei sogar ein Fahrradschlauch verschwunden. Das stimmte. Den brauchten wir nämlich dringend für unseren Wasservorrat. Unser Weg führte ja durch die Wüste und dort müssen die Reisenden bekanntlich verdursten, wenn sie nicht genug Wasser haben.

Es wurde jedes Mal eine lange Fahrt mit vielen Abenteuern. Auf dem Landweg hatten wir Kämpfe mit Räubern und wilden Tieren zu bestehen. Auf dem Meer kamen wir in Stürme, bei denen unser Schiff beinahe unterging. Einmal habe ich die Großmutter gerade noch im letzten Augenblick am Rock festgehalten, sonst wäre sie über Bord gespült worden. Aber wir kamen jedes Mal wohlbehalten in Bethlehem an. Und wie durch ein Wunder immer genau am 24. Dezember!

Auch sonst geschahen geheimnisvolle Dinge, wenn die Großmutter bei uns war. Einmal, als ich ins Bett gehen wollte, fand ich Goldstaub auf meinem Kopfkissen. Goldstaub! Woher kommt denn Goldstaub? Doch nur von einem Engelsflügel! Es musste also ein Engel über mein Bett geflogen sein. Als ich die Großmutter danach fragte, lächelte sie, aber sie gab keine Antwort. Dann, eines Morgens, hing ein Stern an einem durchsichtigen Faden von der Decke herab. Niemand wusste, wer ihn aufgehängt

hatte. Auch wie die winzige Krippe in der Nuss-
schale zwischen meine Buntstifte geraten war,
konnte keiner erklären.

Das Wunderbarste aber war Großmutters Bekannt-
schaft mit dem heiligen Nikolaus. Sie kannte ihn
wirklich. Das weiß ich genau. Ich habe selbst erlebt,
wie er mit ihr sprach, damals im Stadtpark.

Ich habe schon gesagt, dass die Großmutter altmodisch war. Aber nicht nur altmodisch in ihrer Klei-
dung, auch sonst. Sie redete oft von den Zeiten, in
denen alles knapp gewesen war, und sie fand, die
Leute sollten sparsamer mit dem Geld und den Sachen umgehen. Großmutter tat das. Deshalb wollte
sie auch den dürren Ast mitnehmen, der im Stadtpark auf dem Weg lag.

»Der ist noch gut für den Ofen«, sagte sie. »Heb ihn
bitte auf!«

Aber ich wollte nicht. »Nein!«, sagte ich. Und als sie
versuchte den Ast selbst aufzuheben, zog ich sie
fort. »Wir schleppen kein Holz nach Hause. Bei uns
wird das geliefert.«

Damals wusste ich nicht, warum ich so patzig mit
der Großmutter sprach. Aber jetzt glaube ich, es
war wegen der Leute, die vorübergingen. Die sollten nicht denken, wir müssten unser Holz selber
sammeln.

Die Großmutter zögerte. Ich merkte ihr an, dass sie nicht wusste, was sie jetzt tun sollte.

Plötzlich stand ein alter Mann vor uns. Wie hergezaubert stand er da. Groß und sehr würdig, mit einem weißen Bart und blitzenden Augen. Der Fremde bückte sich, hob das Holz auf und reichte es der Großmutter.

»Bitte sehr, meine verehrte gnädige Frau«, sagte er mit einer leichten Verbeugung. Seine Stimme klang tief und voll.

Mich durchzuckte es, als wäre ein Blitz in mich hineingefahren. Diese Stimme! Diese Augen! Dieser lange weiße Bart! Das konnte nur – das war bestimmt . . . Ich wagte nicht weiterzudenken. »Meine verehrte gnädige Frau«, hatte er zur Großmutter gesagt.

Er hatte sich vor ihr verbeugt und die Großmutter hatte ihn angelächelt und ihm gedankt.

Und dann war er verschwunden. Genauso plötzlich, wie er gekommen war.

Auf dem Heimweg brachte ich kein Wort heraus. Ich stolperte über Bordsteine und Kanaldeckel und in mir war alles durcheinander. – Jetzt hat er's gesehen, dachte ich. Jetzt weiß er, wie ich manchmal bin.

Die Großmutter ging still neben mir her. Der dürre Ast schleifte auf dem Boden. Unter der Haustür hielt ich's nicht mehr aus. Ich drückte mein Gesicht in Großmutters Mantelfalten und heulte los.

Die Großmutter ließ mich heulen. Sie tat nichts, um mich zu trösten, und ich dachte: Jetzt wird sie immer und ewig böse auf mich sein und dieser . . . dieser fremde Mann im Park auch.

Aber dann merkte ich, dass sie sich zu mir herunterbeugte. Ich spürte ihren warmen Atem in meinem Haar und ich hörte, dass sie ganz leise zu mir sprach. Was sie sagte, verstand ich nicht, weil ich noch immer heftig schluchzen musste. Ich konnte gar nicht aufhören.

Da schob Großmutter mich ein wenig von sich und fragte: »Willst du ihn vielleicht hinauftragen? Er ist mir fast zu schwer.«

Ich wusste natürlich sofort, dass sie den Ast meinte, und einen Augenblick hielt ich die Luft an. Dann kramte ich ein Taschentuch hervor und schnäuzte die Tränen aus der Nase.

»Gib her!«, sagte ich, packte den dürren Ast und polterte damit die Treppe hinauf.

Wir warfen ihn gleich in den Kachelofen und ich hörte, wie er knackte und knisterte.

Ob er weiß, dass ich ihn hochgetragen hab, überlegte ich. Die Großmutter nickte mir zu und lachte. Da wusste ich, dass alles wieder gut war, und ich war sehr zufrieden.

MARGRET RETTICH

Als Weihnachten ausfiel

1 Nicht jetzt – irgendwann, wahrscheinlich in ein paar Jahren, hatten Herr und Frau Schmidt keine Lust mehr, Weihnachten zu feiern.

»Der Trubel fängt immer früher an«, sagte Frau Schmidt, als im August die ersten Lebkuchen im Schaufenster lagen.

Herr Schmidt brummte: »Das ist alles nur noch Geschäft.«

Frau Schmidt war der gleichen Meinung. Darum sagte sie: »Das machen wir nicht mehr mit. Niemand kann uns dazu zwingen. Ich finde, wir lassen Weihnachten einfach mal ausfallen.«

Herr Schmidt war einverstanden. Sie beschlossen also sich um nichts zu kümmern, was mit Weihnachten zusammenhing. Keine Aufregung, keine Vorbereitungen, keine Anstrengungen. Weihnachten sollte ein Tag wie jeder andere sein.

2 Während nun in den nächsten Wochen alle Leute mit Tüten, Einkaufsbeuteln, Taschen und Paketen durch die Stadt und von Kaufhaus zu Kaufhaus, von Geschäft zu Geschäft hetzten, gingen Herr und Frau Schmidt gemütlich im Park spazieren und fütterten die Enten. Es war ganz ruhig dort und sie waren allein. Wenn sie heimkamen, fanden sie manchmal im Briefkasten eine bunte Karte, auf der ihnen irgendjemand »FROHE WEIHNACHTEN« wünschte. Sie warfen die Karte weg und sagten: »Weihnachten fällt für uns aus!«

Allerdings träumte Herr Schmidt in dieser Zeit, dass er wieder ein Kind war, das auf den Weihnachtsmann wartete. Aber davon erzählte er Frau Schmidt lieber nichts.

Frau Schmidt sang manchmal heimlich ein Weihnachtslied vor sich hin, doch nur, wenn Herr Schmidt nicht in der Nähe war. Wenn sie zusammen waren, sagten sie immer wieder: »Wir hatten eine gute Idee!«

3 Schließlich war der Heilige Abend da.

Morgens beim Frühstück sagte Frau Schmidt: »Ich denke, ich werde heute mal Wäsche waschen.«

»Ja, mach das«, sagte Herr Schmidt, »dann repariere ich endlich unsern Kleiderschrank.« Doch dazu brauchte er Dübel und Schrauben und Frau Schmidt hatte nicht mehr genug Waschpulver.

Herr und Frau Schmidt mussten also einkaufen gehen.

Alle Leute schienen an diesem Tag unterwegs zu sein. Herr und Frau Schmidt kamen im Gedränge nur langsam voran. Sie wurden gestoßen, geschoben und getreten, bis sie vor dem Kaufhaus standen.

Außer Atem sagte Frau Schmidt: »Das ist ja grässlich! Nur schnell weg von hier. Am besten, wir trennen uns, dann geht es schneller.«

Herr Schmidt wurde schon weitergedrängt. Er rief noch: »Wir treffen uns hinterm Kaufhaus!«, dann war er verschwunden.

4 Waschpulver gab es unten im Supermarkt. Frau Schmidt kam kaum an das Regal heran. Immer wieder fuhren Leute mit hoch bepackten Wagen an ihr vorbei und schoben sie weg. Als sie endlich ihr Waschpulver hatte, musste sie vor der Kasse in einer langen Schlange warten. Die Kassiererin tippte, als ob sie fünfzig Finger hätte. Endlich war Frau Schmidt an der Reihe. Sie bezahlte und steckte ihr Waschpulver in einen Einkaufsbeutel. Dann zwängte sie sich als Letzte in einen überfüllten Fahrstuhl.

Alle hatten drei oder vier oder fünf Einkaufsbeutel und beim Aussteigen mussten sie aufpassen, dass sie sich nicht verhedderten und dass jeder seinen eigenen Einkaufsbeutel behielt. Frau Schmidt hatte Glück. Sie konnte gerade noch, ehe der Fahrstuhl wieder losfuhr, ihren Einkaufsbeutel an sich reißen.

5 Herrn Schmidt erging es nicht besser.

Dübel und Schrauben gab es oben im vierten Stock. Aber dort gab es auch Kerzen, Kugeln und Lametta. Das kauften die Leute in großen Mengen, doch niemand außer Herrn Schmidt kaufte heute Dübel und Schrauben.

Es dauerte eine ganze Weile, ehe er bezahlen konnte. Dann dauerte es noch mal lange, bis er einen Platz auf der vollen Rolltreppe fand. Dabei verlor er fast das Gleichgewicht und fast seinen Einkaufsbeutel. Schließlich war er unten.

6 Herr und Frau Schmidt trafen sich zur gleichen Zeit hinterm Kaufhaus. Beide ruhten sich einen Augenblick von den Anstrengungen aus.

Ein Mann, der dort Weihnachtsbäume verkauft hatte, rief ihnen zu: »Wie wär's denn, meine Herrschaften, hier habe ich den letzten Weihnachts-

baum, ein Sonderangebot zum halben Preis! Greifen Sie zu, ab morgen wird der Verkauf für ein Jahr eingestellt!«

Herr und Frau Schmidt sahen sich den kleinen krummen Baum an, den ihnen der Mann entgegenhielt. Frau Schmidt schüttelte den Kopf und meinte: »Der hätte lieber im Wald stehen bleiben sollen.«

Herr Schmidt erklärte dem Mann: »Wir sind gegen Weihnachten. Wir lassen es ausfallen.«

»Das ist wohl so eine neue Masche«, sagte der Mann, stopfte den kleinen Baum in eine Mülltonne und fuhr mit seinem Lastwagen davon.

7 Daheim tranken Herr und Frau Schmidt am Nachmittag Tee, wie alle Tage. Dann saßen sie herum und sagten nichts. Sonst hatten sie sich immer was zu erzählen. Herr Schmidt dachte an seinen Traum und Frau Schmidt dachte an alle Weihnachtsliederstrophen, die sie kannte. Fast hätte sie gesungen, doch sie sagte lieber: »Also, ich werde jetzt Wäsche waschen.«

»Gut, dann repariere ich jetzt den Kleiderschrank«, sagte Herr Schmidt. Sie standen auf und gingen in die Küche.

Dort lagen noch die beiden Einkaufsbeutel. Weil sie aus demselben Kaufhaus stammten, sahen beide ganz gleich aus. Herr Schmidt nahm einen in die Hand und sah hinein. Dann schnupperte er. Aus dem Beutel roch es merkwürdig gut, es roch so nach Weihnachten! Als Herr Schmidt nun hineinfasste, griff er Lebkuchen, Äpfel und Zuckerzeug.

Herr Schmidt freute sich zwar, aber er sagte zu Frau Schmidt: »Du hast aber merkwürdiges Waschpulver gekauft!«

»Ich? Wieso? Kein anderes als sonst«, sagte Frau Schmidt. Dann sah auch sie, was in dem Beutel war. »Das hab ich nicht gekauft, das ist sicher dein Beutel«, sagte sie. Und dann meinte sie: »Ich habe geahnt, dass du dich nicht an unsere Abmachung halten wirst.«

Herr Schmidt sagte etwas eingeschnappt: »Nein, dieses hier ist mein Beutel!« Er nahm den anderen Einkaufsbeutel und stülpte ihn um. Über den Küchentisch rollten Kerzen, Kugeln und Lametta.

Herr und Frau Schmidt sahen sich an und beide dachten voneinander dasselbe. Endlich meinte Herr Schmidt: »Nein, nicht, was du denkst! Ich habe wirklich nur Dübel und Schrauben gekauft!«

»Und ich Waschpulver, nichts anderes. Wie wir es abgemacht hatten.«

Sie sahen sich wieder an und dachten nach.

»Dann sind die Beutel im Gedränge vertauscht worden«, sagte Herr Schmidt. »Irgendwelche Leute müssen nun mit Dübeln, Schrauben und Waschpulver Weihnachten feiern«, lachte Frau Schmidt.

8 Herr und Frau Schmidt saßen am Küchentisch. Die Lebkuchen dufteten. Die Kugeln waren so blank, dass alles ringsumher sich bunt in ihnen spiegelte. Und draußen läuteten die Glocken.

Plötzlich sagten beide gleichzeitig: »Frohe Weihnachten!«

Sie sprangen auf und zogen die Mäntel an.

Dann rannten sie durch die leeren Straßen. Sie
rannten bis hinter das Kaufhaus. Dort zogen sie den
kleinen, krummen Baum aus der Mülltonne.

HANS PETERSON

Malins Weihnachtsgeschenk

Die Schule war in einem kleinen roten Haus. In diese Schule ging Malin. Sie war neun Jahre alt. Am zweiten Juli hatte sie Geburtstag. Mitten im Sommer.

Malin hatte ein Geheimnis. Aber das erzählte sie niemandem.

Ja, eine Weile hatte sie sogar zwei Geheimnisse.

Das eine hätte sie fast Johan erzählt. Das war, als das erste Schuljahr vorbei war. Alle in der Klasse hatten ihre Sonntagskleider an. Die Lehrerin trug ein Kleid mit Blumen drauf. In einer Vase steckte ein großer Strauß Flieder. Der duftete durch das ganze Schulzimmer.

Malin hätte fast geweint. Der Sommer war so lang. Es würde lange dauern, ehe die Schule wieder anfing. Sie musste einfach nach vorn gehen und die Lehrerin ganz fest umarmen.

Dann gingen sie zur Kirche. Dort spielte Anderson

auf der Orgel. Malin wusste, dass es Anderson war. Obwohl sie ihn nicht sehen konnte.

Und er spielte so, dass die ganze Kirche voller Musik war. So etwas Wunderbares hatte Malin noch nie gehört. Die Sonne leuchtete durch die Fenster der Kirche und mitten hinein in die Musik, die aus der Orgel floss.

Malin wurde fast krank. Die hellen Härchen auf den Armen richteten sich auf. Sie kriegte eine Gänsehaut. Sie zitterte am ganzen Körper. Sie fror und konnte fast nicht atmen.

»Hast du schon mal so was Wunderbares erlebt?«, fragte Malin Johan, als sie die Kirche verließen.

»Weil wir Sommerferien haben? Ja, das ist wunderbar«, sagte Johan und fing an auf der Stelle zu hüpfen.

»Nein, die Musik«, sagte Malin.

»Welche Musik?«, fragte Johan.

Da begriff Malin, dass Johan nicht dasselbe gefühlt hatte wie sie.

Den ganzen Sommer suchte Malin nach ihrer Musik. Manchmal kam ein bisschen im Fernsehen. Manchmal hörte sie ein bisschen im Radio. Nisse, der fünf Jahre älter war, hatte ein Tonbandgerät.

Aber er mochte nur die Musik, die die anderen mochten. Wonach Malin sich sehnte, das war etwas ganz anderes.

Aber das sagte sie zu niemandem. Es blieb ein Geheimnis. Ein bisschen komisch war das. Sie mochte Musik, die sonst niemand mochte. Aber daran war wohl nichts zu ändern.

Die Sommerferien waren jedenfalls gar nicht so lang. Plötzlich fing die Schule wieder an. Die Lehrerin war braun gebrannt und trug ein gelbes Kleid. Sie war sehr hübsch.

Dann wurde es Herbst und Weihnachten und Winter und Frühling.

Malin war unruhig, als das Ende des Schuljahrs kam. Sie war unruhig, als sie in die Kirche ging, und sie war unruhig, bis Anderson anfing zu spielen. Da wurde sie ganz ruhig. Es war genauso wunderbar wie im letzten Jahr.

Malin fand, dass die Musik ihr durch und durch ging. Als ob sie selbst zu Musik würde. Der ganze Körper und der ganze Kopf waren voller Musik.

In dem Sommer starb die alte Frau Bergman, die im Haus nebenan wohnte. Neue Nachbarn zogen ein. Sie hießen Jönsson und hatten keine Kinder. Aber sie hatten ein Klavier.

Und gleich am ersten Abend spielte Frau Jönsson auf dem Klavier. Malin setzte sich auf den Rasen. Aus dem offenen Fenster kam die richtige Musik. Solche Musik wie in der Kirche. Obwohl es ein Klavier und keine Orgel war.

Malin stand auf, ging langsam durch das Gartentor, um die Hausecke und in das Haus von der alten Frau Bergman.

Da saß Frau Jönsson und spielte. Obwohl die Kisten und Möbel noch in einem einzigen Durcheinander herumstanden. Und sie hörte auch nicht auf zu spielen, obwohl Malin ins Zimmer kam. Sie lächelte nur und spielte und spielte. Während Herr Jönsson Bilder und Gardinen aufhängte.

»Du magst Musik wohl sehr«, sagte Herr Jönsson.

»Jaa«, flüsterte Malin. »Aber nur diese Musik.«

»Das ist Mozart«, sagte Frau Jönsson und drehte sich um. »Spielst du auch?«

Malin schüttelte den Kopf.

»Komm«, sagte Frau Jönsson und setzte Malin auf den Stuhl. »Jetzt spielst du.«

Malin sah sie an. Aber Frau Jönsson machte keinen Spaß.

Malin schlug eine weiße Taste an und dann eine schwarze. Und mehr schwarze und mehr weiße, bis das ganze Zimmer voller Töne war. Nein, das klang nicht wie in der Kirche. Oder so wie Frau Jönssons Musik. Aber es klang.

In diesem Herbst lernte Malin Variationen über »Morgen kommt der Weihnachtsmann« auf dem Klavier spielen. Frau Jönsson brachte es ihr bei. Und das war das zweite Geheimnis. Bis Weihnachten. Malin übte und übte und übte. Und als Weihnachten kam, konnte sie es. So leicht wie nur was.

Heiligabend, als Mama und Papa und Großvater und Nisse und Malin gerade zu Mittag gegessen hatten, klingelte Frau Jönsson an der Tür.

»Malin hat ein Weihnachtsgeschenk für Sie. Ein Geheimnis. Das will sie Ihnen bei uns zeigen. Können Sie nicht alle miteinander zum Kaffee herüberkommen?«

Mama und Papa verstanden gar nichts. Und Nisse kam nicht mit. Aber die anderen gingen zu Jönssons. Und da setzte Malin sich ans Klavier und spielte. Langsam und weich und vorsichtig. Aber ganz richtig.

»Ja, was ist das denn?«, sagte Mama.

»Wir haben den ganzen Herbst geübt. Malin kann mehrere kleine Stücke von Mozart«, sagte Frau Jönsson.

»Aber warum sollte sie spielen?«, sagte Papa. »Wir haben ein Tonbandgerät und ein Transistorgerät und Radio und Fernsehen und Schallplatten.«

»Aber das ist nicht meine Musik«, sagte Malin langsam. »Und diese Musik hab ich gemacht. Nach diesen Noten.«

»Du hast einen komischen Geschmack«, sagte Großvater. »Das ist doch weder Pop- noch Rockmusik oder ABBA.«

Aber Malin wurde weder böse noch unsicher oder traurig. Frau Jönsson, die Anna hieß, mochte Mozart. Dann konnte Malin ihn auch mögen. Sie war nicht allein mit ihrem Geschmack, nicht mehr.

Obwohl Mama und Papa und Großvater sie ansahen und den Kopf schüttelten.

Dann spielte sie noch ein Stück von Mozart.

Aber in der Schule erzählte sie niemandem von ihrer Musik. Das blieb ein Geheimnis. Niemand in der Schule sollte es wissen.

Erst viele Jahre später, als sie mit der Schule fertig waren. Es gab eine große Abschlussfeier. Da saß Malin vorn am Klavier und spielte ein langes Stück von Mozart. Mama und Papa saßen dabei und nickten und waren sehr stolz.

Aber richtig haben sie Malins Geheimnis wohl nie verstanden. Oder wie man so voll von Musik sein kann, dass der Körper zittert und die Härchen auf den Armen sich aufrichten.

Aus dem Schwedischen: Angelika Kutsch

JAMES KRÜSS

Tante Peerkes Neujahrsfeste

Meine Tante Peerke – Gott hab sie selig – war
das, was manche Leute eine alte Jungfer nennen.
Sie lebte nach dem frühen Tode ihrer Eltern ganz
für sich allein in einem kleinen Haus, spielte aber
für alle Nachbarskinder Tante. So hatte sie denn
auch ein Dutzend Patenkinder und für das junge
Volk von vier bis vierzehn war Tante Peerkes
Haus ein Taubenschlag: Vorn, in der Kaiserin-Augusta-Straße, ging's hinein; hinten, zur Schnepfen-
gasse, ging's hinaus. Und wer das Haus verließ,
der hatte immer etwas Süßes in der Hand oder im
Mund.

Einmal im Jahr nur war's den Kindern untersagt,
das Haus der Tante Peerke zu betreten. Das war am
Altjahrsabend, wenn ein Jahr zu Ende ging und
wenn ein neues Jahr begann.

»Am ersten Tag des Jahres muss man Menschen
helfen, die allein sind«, sagte Tante Peerke. »Da

164

braucht ihr Kinder nicht dabei zu sein. Ihr habt ja noch Familie.«

So suchte Tante Peerke denn an jedem Jahresende einen Einsamen, was auf der kleinen, dicht bewohnten Insel Helgoland, auf der wir lebten, gar nicht einfach war; denn jeder auf der Insel hatte Freunde, Nachbarn und Verwandte. Aber wie mir berichtet worden ist (und wie ich einmal selbst feststellen konnte), fand sich zu jedem Neujahrsfest ein Gast bei Tante Peerke ein. Und von drei solchen Neujahrsfesten will ich euch berichten.

Das erste fand schön passend nach dem ersten abgelaufenen Jahr unsres Jahrhunderts statt, am ersten Januar des Jahres neunzehnhunderteins, das, wie es damals üblich war, um Mitternacht mit ein paar Böllerschüssen der Marine eingedonnert wurde. In dieser Stunde, als Matrosen böllerten, saß in der guten Stube Tante Peerkes gleichfalls ein Matrose, ein rotbackiger, junger Mann aus Schottland, der John Campbell hieß. Mit ihm zusammen sang die Tante nicht sehr schön, doch laut: »My bonnie is over the ocean . . .« Denn Tante Peerke konnte englisch sprechen, weil sie noch in der englischen Zeit der Insel auf die Welt gekommen war und in dem Haus des Gouverneurs Sir Timothy gedient hatte. Mein Onkel Paul, damals ein Junge von elf Jahren, hat mir erzählt, dass er durchs Fenster, dessen Vorhang nicht ganz zugezogen war, die Tante, die zu jener Zeit noch jung war, zusammen mit dem gleichfalls jungen Mann gesehen habe. Sie hätten sich umarmt und auch geküsst, hätten Glühwein getrunken, süßes Schmalzgebackenes gegessen und von dem Liebsten gesungen, der über dem Ozean ist.

Warum bei Tante Peerke ein Matrose saß, ist rasch erzählt: John Campbell hatte auf der »Bandaneira«, einer englischen Viermastbark, gedient. Die aber war zehn Tage zuvor bei einem der Stürme, wie sie um Weihnachten im Nordmeer üblich sind, auf eine Sandbank aufgelaufen und dann von Wind und Wogen Stück für Stück zertrümmert worden. Mit Mühe nur hatte das Rettungsboot der Insel die Besatzung bergen können, darunter auch John Campbell, dem das rechte Schlüsselbein gebrochen war; er wusste nicht, wie.

Da es zu jener Zeit nun noch kein Krankenhaus auf unserer Insel gab und jedes Haus für Sommergäste Fremdenzimmer hatte, waren die Schiffbrüchigen auf verschiedene Inselhäuser verteilt worden. John Campbell hatte Tante Peerke aufgenommen und gepflegt und so war es gekommen, dass sie nun gemeinsam Neujahr feierten.

Was bei dem Neujahrsfest weiter geschehen ist, weiß ich von Onkel Paul. Der nämlich hat durchs Fenster sehen können, wie Tante Peerke nach dem munteren Gesang plötzlich zu weinen angefangen hat.

Warum, werdet ihr fragen, hat die Tante denn geweint? Nun, das haben die Insulaner später durch die Tante selbst erfahren. Der Grund war, dass John Campbell sie gebeten hatte seine Frau zu werden. Da hatte Tante Peerke, die den jungen Schotten gerne mochte, zuerst zugestimmt, dann aber ihre Zustimmung heulend zurückgezogen, als sie erfahren hatte, dass sie dann allein im schottischen Hochland leben müsse, während John Campbell als Matrose meistens auf dem großen Wasser war.

»Was tu ich denn allein im schottischen Hochland?«, soll die Tante da gefragt haben. »Was nützt
es mir, dass dort die Glockenblumen blühn? Was
fang ich an mit Männern, die karierte Röcke tragen?
Muss ich dann etwa Hosen tragen?«

Kurzum, das Neujahrsfest des Jahres neunzehnhunderteins war traurig abgelaufen für die damals
junge Tante Peerke; und es mag sein, dass die Erin-
nerung an diese Neujahrsnacht sie später davon ab-
gehalten hat, sich einen anderen Mann zu nehmen.
Von diesem Tag an aber suchte sie für jeden
Altjahrsabend einen Gast, um ihm zu helfen oder
ihn zu trösten. Und immer fand sie einen, wie man
mir erzählt hat.

Das nächste Neujahrsfest, von dem ich weiß, fiel in
das erste Jahr des Ersten Weltkrieges. Als da um
Mitternacht das neue Jahr begann, das zweite
Kriegsjahr neunzehnhundertfünfzehn, das diesmal
ohne Böllerschüsse eingeleitet wurde, hatte die
Tante wieder einen Gast.

Doch niemand auf der Insel wusste, wer es war. Mein
Vater, zehnjährig zu jener Zeit, erzählte später, mindestens sechs Kinder hätten hinterm Haus gelauert,
um herauszubringen, wer denn, zum Teufel, bei der
Tante wäre, da man doch jemand mit ihr habe reden
hören. Doch niemand hat's herausgebracht.

Dass es ein allen wohl bekannter Insulaner war, der bei der Tante saß, wusste kein Mensch. Und dennoch war es so. Erst drei Jahrzehnte später hörte ich von Nicky Holtmann, unserem alten Nachbarn, dass niemand anders als sein Vater es gewesen war, dem Tante Peerke damals Glühwein, süßes Schmalzgebackenes und Spargelhuhn gespendet hatte.

»Und was, du lieber Himmel, suchte denn dein Vater bei der Tante Peerke?«, fragte ich. Worauf mir Nicky sagte, dass die Tante ihn versteckt habe. »Mein Vater«, so erklärte er, »war doch der erste in der deutschen Zeit geborene Insulaner. So musste er deutscher Soldat werden, anders als jene, die noch in der englischen Zeit geboren worden waren. Doch zum Soldatenspielen bei den Preußen hatte Vater keine Lust.«

»Das kann ich gut verstehen, Nicky«, sagte ich. »Aber was hat das alles mit Tante Peerke zu tun?«

»Sie hat einen Fischkutterkapitän bestochen ihn nach Schottland zu bringen«, sagte Nicky.

»Nach Schottland, lieber Gott: Warum nach Schottland?«, rief ich aus. »Und ist er wirklich hingekommen?«

»Ja«, sagte Nicky. »In der folgenden Nacht brachte die Tante meinen Vater auf den Kutter. Und er ist

heil nach Schottland gekommen, wo er als Boots-
bauer, der er ja war, Arbeit bekam. Ein alter Freund
der Tante, der John Camel oder ähnlich hieß, hat
ihm geholfen. Mein Vater war den ganzen Krieg
über in Schottland, mit einem falschen Pass. Er
nahm sich dort auch eine Frau. Du weißt, dass meine Mutter Schottin ist.«

»Ja«, sagte ich, weil mir das wieder eingefallen war.
»Ja, stimmt, das weiß ich. Und von dem schottischen
Bekannten Tante Peerkes hab ich auch gehört.«
Doch bei mir dachte ich: Dann hat der erste Neujahrsgast der Tante ihrem fünfzehnten geholfen. Das
war hübsch von ihr eingefädelt. Sie ist nicht nur sehr
liebenswürdig, sondern auch sehr listig.

Den letzten Neujahrsgast der Tante, von dem ich
etwas weiß, habe ich, als ich zwölf war, selbst gesehen. Ich sah ihn durch das Schlüsselloch der Hin-
tertür, die in die Küche führte. Dort saß nämlich der
Gast am kleinen Küchentisch, der Tante gegenüber,
und aß Spargel und Hühnerfrikassee.

Ich kannte diesen Mann recht gut. Er kam vom
Festland, war Friseurgehilfe, wurde Ralf genannt
und hatte das, was man ein »lockeres Mundwerk«
nennt. Da aber zu jener Zeit die Hitlerei in Deutsch-
land herrschte – man musste immerzu »Heil Hitler« sagen und durfte über Adolf Hitler und sein

Reich nur Gutes reden –, war so ein lockeres Mundwerk nicht ganz ungefährlich. Ralf, der Friseurgehilfe, war denn auch ein paar Mal schon verwarnt worden, weil er zu Kunden im Friseursalon gesagt hatte, dass dieser braune Staat (die Leute Hitlers trugen braune Uniformen) nicht ganz von ungefähr so braun wie Kacke sei. Nun aber, zwischen Weihnachten und Neujahr, hatte er etwas noch viel Schlimmeres gesagt. Und alle Insulaner munkelten, dass er im neuen Jahr verhaftet werden würde.

Dieser Friseurgehilfe also saß bei Tante Peerke, aß Huhn mit ihr und süßes Schmalzgebackenes, trank (was wir Kinder durch das Schlüsselloch gut sehen konnten) Glühwein und ging zum Schluss, als Mitternacht vorüber war, vorn aus dem Haus hinaus, doch ganz verändert.

Wir Kinder waren durch den Nachbargarten zur Augustastraße vorgekrochen und sahen Ralf nun, uns hinter den Zaun duckend, die Kaiserin-Augusta-Straße pfeifend abwärts wandern mit einem schwarzen Schnurrbart, den er nie gehabt, mit einer Brille, die er vorher nie benutzt, und einer Mütze, die er vorher nie getragen hatte. Die Tante, die den Karneval und das Verkleiden liebte, hatte ihn wohl so ausstaffiert. Als der Friseurgehilfe Ralf war er jetzt nicht mehr zu erkennen.

Wir warteten hinter dem Zaun, bis wir die Schritte des Friseurgehilfen sich entfernen hörten und Tante Peerkes Haustür mit dem üblichen Getöse zugeschlagen war. Dann rannten wir zum Felsrandweg des Oberlandes, lehnten uns auf die Mauer, schauten nieder auf das monderhellte Unterland der Insel und sahen bald, wie Ralf durch Gassen bis zum Hafen wanderte und dort einen uns unbekannten Fischkutter bestieg, der wenig später aus dem Hafen tuckerte und um die Inselsüdspitze herum mit nur zwei kleinen Bordlichtern nach Westen fuhr.

Da wir die Mittelschule schon besuchten und daher länger als die kleinen Kinder noch aufbleiben durften, rannten wir nun zur Südspitze der Insel und sahen von dort die Kutterlichter sich entfernen, kleiner werden und dann in der Dunkelheit verschwinden. Bis heute hat keiner von uns verraten, was wir in jener Neujahrsnacht gesehen haben. Die Insel redete noch eine Weile über den verschwundenen Ralf. Es wurden auch Ermittlungen von den Behörden angestellt, doch ohne ein Ergebnis. Bald drängten andere Neuigkeiten das Verschwinden des Friseurgehilfen in den Hintergrund und niemand hat jemals erfahren, wohin er wohl verschwunden ist. Ob Tante Peerke ihn gleichfalls nach Schottland schickte, weiß ich nicht.

Ich weiß nur, dass die letzte Neujahrsnacht in Tante Peerkes Leben traurig war. Da nämlich war sie nicht daheim, sondern auf einem Bauernhof im Holsteinischen. Das war im Jahre neunzehnhundertfünfundvierzig. Der Zweite Weltkrieg war zu Ende und unsere kleine Insel so zerbombt, dass niemand darauf wohnen konnte. Als da das Neujahr neunzehnhundertsechsundvierzig von Glocken auf dem Festland eingeläutet wurde, bekam die Tante von den Bauersleuten Glühwein eingeschenkt – als Gast.

Kein halbes Jahr danach starb Tante Peerke. Einer von ihren vielen Neujahrsgästen, Nicky Holtmanns Vater, ging hinter ihrem Sarge her.

QUELLENNACHWEIS

Alle Erzählungen dieses Bandes sind Originalbeiträge bis auf folgende:

Erich Kästner, Sechsundvierzig Heiligabende
Aus: Erich Kästner, Der tägliche Kram
Atrium Verlag, Zürich 1949

Astrid Lindgren, Gute Nacht, Herr Landstreicher!
Aus: Astrid Lindgren, Sammelaugust und andere Kinder
Verlag Friedrich Oetinger, Hamburg 1967

Barbara Robinson, Hilfe, die Herdmanns kommen
Aus: Barbara Robinson, Hilfe, die Herdmanns kommen
Verlag Friedrich Oetinger, Hamburg 1972